谨以此书献给杭州英特外国语学校（小学部）以及和这所学校共同成长起来的家长、教师、可爱的孩子们，还有关心支持学校发展的各位同仁

不按常理出牌

打开一所新学校的秘密

郎明仙◎著

Going Against the Grain
Unlocking the Secrets of a New School

ZHEJIANG UNIVERSITY PRESS
浙江大学出版社
·杭州·

图书在版编目（CIP）数据

不按常理出牌：打开一所新学校的秘密 / 郎明仙著.
－－ 杭州 ：浙江大学出版社，2022.11（2023.8重印）
ISBN 978-7-308-23058-2

Ⅰ．①不… Ⅱ．①郎… Ⅲ．①学校管理－研究
Ⅳ.①G47

中国版本图书馆CIP数据核字(2022)第170982号

不按常理出牌：打开一所新学校的秘密

郎明仙　著

责任编辑	赵　静	
责任校对	胡　畔	
封面设计	林智广告	
出版发行	浙江大学出版社	
	（杭州市天目山路148号　　邮政编码　310007）	
	（网址：http：//www.zjupress.com）	
排　　版	杭州林智广告有限公司	
印　　刷	杭州高腾印务有限公司	
开　　本	710mm×1000mm　1/16	
印　　张	13.75	
字　　数	220千	
版 印 次	2022年11月第1版　2023年8月第3次印刷	
书　　号	ISBN 978-7-308-23058-2	
定　　价	78.00元	

不拘一格育英才

又一年林花谢了春红，时光匆匆；又一年桃李芬芳吐蕊，岁月峥嵘。在英特小学的青青校园里，奔跑着一群追梦的人，他们用 1800 多个奋斗的日子，共同打造了这所不拘一格育英才的学校。这所汇聚了爱心、理想、美学、才能和创新力的学校，正在以她独特的魅力和优雅的姿态茁壮成长。

《不按常理出牌：打开一所新学校的秘密》是英特小学"掌门人"郎明仙校长执笔书写的一部随笔小札，她以独特的视角向我们展现了英特小学建校以来，在推行"兼职制"治理新变革、"定制化"课程新定位、"合伙人"家校新关系、"多艺化"研训新方式、"艾小语"文化新创意等方面的个性化探索故事，记录了一所新学校成长的点点滴滴。

关于教育，我一直有话想说。1996 年，金成集团在美丽杭州的大城西筑起"理想之城"，同时也播下了"理想教育"的种子。我要把人文气质和社会风貌融入建筑设计与社区环境，把我的理想教育作为资源配套服务于更多业主。我是这么想的，也是这么做的，英特小学的创立，就是金成集团"理想教育"播撒的一枚种子。她奉行"解放"的教育，除去应试教育的桎梏，尊重个性，释放天性，推动教育返璞归真；她推行"多元"的教育，从课堂中来，到课堂外去，立足传统，面向世界，培养适应现代化社会的时代精英。

我知道，新学校从设计规划、选址建造、团队组建、招生教学到稳固日常、除旧纳新、建立品牌，一路走来绝非易事。郎校长和她的"追梦团队"在前线拼杀，金成集团就是他们坚强的后盾。教书育人、科教兴邦、让每个生命都出彩，这是一条荡涤心灵、探寻真理的漫长修行之路，正是对"理想教育"的执着信念支持我走过十余年投资办学的甘苦时光。我相信，金成集团和英特小学有着心灵相通的兴学理念和育人观念，这也是我和郎校长共同达成的默契。

思者怀玉，行者无疆。回望我的求学生涯，在那个高等教育资源稀缺、受教育机会难得的年代，我的父母把仅有的受教育机会给了我。承载着父辈和兄弟姊妹们的期望，我唯有拼命学习，不负众望，1983年，我考上了著名的高等学府——浙江大学（原杭州大学）的城市规划专业本科；1998年，我又在浙江大学取得了硕士学位。一路走来，我从学子到企业家、导师和父亲，经历了多重身份和角色的转变，但教育给予我的成长、机会以及赋予的能量令我受益终身。

我曾说过，我的理想之城也是我的"乌托邦"，而金成英特则是"乌托邦"里的"桃花源"。好的教育，是"五育并举"，让人完整；好的教育，是面向未来，拥抱远方；好的教育，是理性真诚，永怀梦想。从播下"理想教育"种子的那天起，我的教育梦就一直行在路上。时至今日，金成英特已经拥有成熟完善的教育体系，形成独特的"宽视野、宽基础、宽增长、宽路径"的育人模式，取得骄人的办学成绩。我从郎校长的书中看到了学生、家长和教职员工对学校的眷恋，看到了我们恒久探索、实践和创新所迸发的星星之火正在燎原。

行者常至，为者常成。一个种桃种李种春风的教育时代正在迎面走来，面对锁区招生、公民分离、民办缩减……民办教育曾经的显性优势正在迅速消融，学校变革转型势在必行。英特小学既有值得传承借鉴的宝贵办学经验，也有需要顺势转变的现实短板。学校通过密切跟踪经济社会发展、科学技术发展和教育改革发展的大趋势，不断改良和推进新型办学模式样态，凸显个性、智慧、创新、价值与勇气，致力于内涵建设和特色发展。无论过去、现在，抑或未来，教育者的良知与气度将是学校日臻壮大的底气，有效的制度和体制机制是学校行稳致远的根本保障，它让"理想教育"不光拥有美好的愿景，更能美梦成真。

如果说，一所名校就是一本书，那么，一所名校的校长，就是书之风骨与灵魂。作为英特小学的"掌门人"，郎校长身体力行地成就着她心目中的丰厚之书；而金成集团也用不遗余力的支持为这本书批注"理想教育"的初心与情怀。

不按常理出牌，只是英特小学不拘一格育英才的独特方式；把美好憧憬变为现实，才是我们众望所盼的圆满结局。

　　五年时间，说长不长，说短也不短。学校经历了风雨，承受了考验，培育了人才，赢得了尊重，树起了口碑，建立了品牌。回望来时路，出书正当时。郎校长的这本书，不仅浸润着英特小学寻迹而来的甜酸苦辣，还有她站在教育者的角度提出的思索和对未来的探讨。《不按常理出牌》就是"金成英特"这幅巨型水墨的其中一卷，它以层峦叠起的恢宏绘就了这所年轻的学校，画中生机盎然，画外未来可期。

吴王楼

（金成控股集团董事局主席兼总裁）

2022 年 11 月

向着明亮那方

我与明仙相识于2009年，当时她撰写了一本《幸福花开——郎明仙小学作文教学叙事》，将书稿赠予我看，我至今都还留有印象。她的行文和构思很是独特，灵活巧妙地将她的教学方法论融进真实发生的教学故事里，读来清丽又有条理，"快乐作文"的理念就这么轻松又自然地传递给了读者。

在最初的"幸福"路上，明仙用清新脱俗的文字和充满教学生活"烟火气"的文章，初步展示了她作为语文教师的简单执着，作为教育写作者的鲜活生气，我也能从书稿中感受到她对教学工作发自内心的热忱、对学生教育全身心的投入，这是我很欣赏的。

一部书稿，拉近了两个教育人之间的距离。

之后我与明仙偶有联系，交流一些教育理念、工作心得等。2012年，明仙成为首届浙派名师名校长培养对象，并任余杭区实验小学校长，我为她感到十分高兴。

正是在这几年的交往中，我发现明仙领悟能力很强，对教育教学有自己独特的见解，还有独当一面的工作和领导能力，因此，她从教师身份转变成为学校管理者是在我意料之中的。

但即使当了校长，她也一直坚持着教学实践与探索，没有脱离一线，还能将专业引领、个人读写的务实行动，即时转化为鲜活的文字、流畅的故事、冷静的思辨、热情的讲述……

四年后的一天，她又寄给我一本专著《我的阅读教学观》，显示她思考语文、实践语文、研究语文的热情有增无减。我看到的是明仙对专业的勤耕不辍、对教育事业的信念和坚守，以及对自我的不断鞭策，如此"接地气"的实践观察与研究，既能系统而清晰地表达，又能保持这样的初心和品质，实在是难能可贵。

2017 年，明仙从公办学校出来，到民办学校当管理者，这需要巨大的勇气。她选择了从头开始的艰苦办学之路，也选择了与师生、家长荣辱与共的"创业"之行。她要用这些年积累的教育能量、总结的教育方法、形成的管理经验，真正地检验自我的能力，实现对教育本真的追求。

我记得那是 2018 年 1 月，我接到明仙的邀请，前去参加杭州英特外国语学校小学部（当时学校的校名是英特西溪外国语学校，简称英特小学）的开校仪式。仪式上，我作为受邀代表简要发言。我提出，一所好的学校要面向世界，校长要有宏观的视野，要跳出学校看学校，跳出教育看教育，满足老百姓对优质教育的充分需要；同时，我们也要用微观的视角，真正把学校办好，要一步一个脚印地做好工作，特别是课堂、课程的改革。

那时候的明仙，还特意为我介绍了她对新学校的整体设计和未来规划。一谈到未来的蓝图，她的语气中满是坚定，眼神里也充满着阳光——她已经做好了充分的准备，而且她的思考与设想不是空谈，关于如何落地她亦了然于心。

她说："我要带领一个团队从无到有建立起一所学校，如果这所学校后期的发展违背了我的初衷，责任在我，所以我每一天都要清醒且谦卑，成长并进化……"

明仙的"清醒"着实不易，也殊为难得。那时候我就相信明仙能把英特小学越办越好，而她也正是这么踏踏实实在做的。

一晃 1800 多个日夜过去，英特小学办学五年，真是越来越好，迅速成为一所新的热门学校。而全面管理一所民办小学的明仙，不仅坚持立德树人，全面贯彻党的教育方针，把握学校发展的方向，带领年轻的团队努力奋斗，而且事无巨细地深入实践，与每一个孩子的成长互动，对每一位教师和每一个家庭负责。她不可谓不忙，可她还是坚持着作为好老师的一项特别修炼——写作。她在最难的办学时光里，依然坚持用生动的文字记录学校建设过程中一点一滴的故事；在最忙的管理事务中，依然用理性思维整理着学校发展过程中一思一行的经验。

我很欣慰地看到明仙带领一支年轻的新团队，通过顶层设计、组织进化来实现人才的迅速培育，促进一所全新的学校在短时间内获得稳定优质的发展，并且探索出了一条新时代新型学校管理模式的创新之路——这条路是有明仙风格的路，这种管理是向着"明白之校""明亮之校""明日之校"的明确方向进发的。

我粗粗地总结了一下，大约有这样几点值得关注：

一是"书童制"精准服务。

学校是一个无形的磁场，对学生的身心产生重要的影响。一丛花、一块草坪、一面墙都可能引发学生的退思；一个动作、一声问候、一句言语都会在不经意间给学生以启示。创校之初的第一届学生在学校没有学长学姐怎么办？英特小学创造出一个名叫"艾小语"的小书童，给学生提供浸润式的体验和陪伴，满足了他们童年生活的想象和好奇心，为无边界探索提供可能。为什么叫"艾小语"？"艾小语"是长什么样的？"艾小语"有故事吗？这些疑问明仙在书中有专门一章来详述。

二是"兼职制"治理变革。

仅设一位校长为职业管理人，学校日常事务以项目方式，由教师根据兴趣、能力主动承包，这在一般学校很少见，但英特小学已经成功实行了近五年。"校长"也能轮着当？未来大家说了算？明仙的"兼职制"管理充分体现并践行着"弱化个人主义，聚焦团队绩效"的理念，具体如何操作，书中写得很精彩。

三是"定制化"因材施教。

英特小学改革传统的教学框架，创设拓展选修课程体系"因才营"（"因"是因材施教，"才"是培育英才），以满足学生的需求为最终目标，尊重学生在学习中表现出来的兴趣、对事物的看法、思维方式等，满足家长个性化的服务需求。为什么要为每一个学生制定学案？为什么一个人的课程也要开？为什么要开设这么多的选修课？为什么要事先调查需求？……以"生"为本的理念在这里体现得淋漓尽致。

四是"合伙人"家校关系。

"合伙人"这个词用在家长身上很新鲜，但仔细想想学校与家庭的关系，确实就是那么回事：学校与家庭共同经营孩子的教育，责任共担，成长共赢。英特小学有"合伙食堂""合伙讲堂""合伙学堂"，还有家长进校当"一日班主任"的新奇体验。

五是"多艺化"教师培育。

小学教育是九年义务教育的开始，是培养良好行为习惯、开发多元智能、扣好人生第一粒扣子的关键期。而教师是学校教育教学的重要执行者和支撑者，教师队伍的培养非常重要。新形势下，教师仅在本学科专业领域上深耕已不能满足社会对于高质量教育的发展需要，必须转变"学科本位"思想，将教师队伍培养由"单一性"转向"多样性"，由此，明仙"多艺化"教师培养的概念应运而生。要想打造一支综合素养全面、个人才艺突出的优秀教师队伍，在关注他们专业素养的同时，也需要满足他们的个性化表达。

在短短五年时间里，英特小学已取得了不少优秀成果，赢得了家长、社会的良好口碑——师生在学校的幸福指数高，家长对学校的信任值也不断攀升。如今，明仙将英特小学1800天的故事整理出来，将办学开端的故事生动地展露在大家面前。

她深知学校是一个生命体，一所学校的良性发展应该沿着个性化、特色化、品牌化的方向迈进。她用心摸索，用爱发展，力求让个性化办学理念成为全面育人的辐射源，让特色校园文化成为素质教育的能量库，让品牌教育成为一部无声的教科书。教育需要作于深、作于全，更需要作于细、作于恒，而明仙就是这样一位有温度、有情怀、有信念的教育者、办学者，她已完全将自己融入英特的生命中。我相信她定能在明确的办学行动中，在不断创新的管理实践中，在带领团队共同成长的坚守中，让教育品牌和成长价值熠熠生辉。

是为序。

杨一青

（浙江省特级教师，浙江省功勋教师，浙江省劳动模范，

全国教育系统劳动模范，全国小学十大明星校长）

2022 年 8 月

目　录

第一章　迈出"漂亮"的第一步　　　　　1

租来的办公室　　　　3

"忽悠"来的第一位员工　　　5

磨破嘴皮的销售　　　7

受气的"三夹板"　　　10

只有四个教室的学校　　　13

迅速变"老"的新手教师　　　15

破釜沉舟的勇气　　　18

透明人，让人放心　　　21

第二章　没人"管"的学校　　　　　23

让学校带点个性　　　25

寻找"组织"的共鸣　　　28

尝试一种新方式　　　31

试一试，吓一跳　　　34

"校长"也能轮着当　　　37

未来大家说了算　　　40

居然也敢这么干　　　42

家委会可真不一般　　　45

历史原来这样书写　　　48

关键词总能管一年　　　52

第三章　处处是"漏洞"　　　　　　　　　　55

对不起，谢谢你　　　　　　　　　57

不放心，管理怎么办　　　　　　　60

有缺憾，留给时间吧　　　　　　　63

中途喊停，可以吗　　　　　　　　66

"赶鸭子上架"，也行　　　　　　69

掉队了，我该怎么办　　　　　　　72

换老师，也会引起大风波　　　　　75

"老马"，也有失蹄时　　　　　　78

"公约"，永远没有句号　　　　　81

招生官，流动的秘籍　　　　　　　84

谈钱，伤不伤感情　　　　　　　　86

第四章　爱折腾的学校有人爱　　　　　　　89

绿皮火车里开会　　　　　　　　　91

"躲"起来的研究　　　　　　　　93

主动"挨骂"的教研　　　　　　　95

约个课呗　　　　　　　　　　　　98

该出手时就出手　　　　　　　　　101

"一起流汗"的风景　　　　　　　103

美食燃起人间烟火气　　　　　　　106

厚着脸皮蹭个课　　　　　　　　　108

"修行"的路没有终点　　　　　　111

第五章　凭空生出个小书童 　　115

无中生有"艾小语" 　　117

"组团"变出故事来 　　119

有模有样小书童 　　122

谁说的话最管用 　　124

抢着来当设计师 　　127

谁的眼泪掉了一地 　　129

犄角旮旯里的实验室 　　132

藏进巴士里的秘密 　　134

邮筒里也能装下未来 　　136

为它写一本传记吧 　　139

第六章　原来上学这么好玩 　　143

爱上学，从"早上好"开始 　　145

好教室，从会"变身"开始 　　148

健康餐，需要"小红帽" 　　153

因才营，也有一个人的 VIP 课程 　　155

作业，也可以"投其所好" 　　159

对眼神，多么神奇的力量 　　162

成绩单，真是让人看花眼 　　165

英特币，尽是闪光的童心 　　167

下一站，是怎样的惊喜 　　169

转学，是一件值得哭的大事 　　171

第七章　朋友多了路好走　173

知不足而后进　175

家长，请您来当班主任　177

保安，也值得一张"奖状"　180

朋友，"我不是中介"　182

"会员"，"唱"出来的感情　184

校长，我可以再回来吗　186

嘉宾，请"体验"文化的魅力　188

共同体，让校际圈再大一点　190

校歌，四年唱出儿童的美　192

第八章　1800 天，才刚刚开始　195

这是一所怎样的学校　197

后记（一）选择，有时候很简单　203

后记（二）做现在，向未来　205

第一章

迈出"漂亮"的第一步

CHAPTER 1

万事开头难,但走过了艰难,一切就都有可能。

付出劳动，
收获欢笑，
增长见识，
这世间一切的美好，
不都是劳动创造出来的吗？

租来的办公室

五年前,当我离开体制,准备以民办管理者身份开启一段新的教育旅程时,现实让我成了无"根"之人;当学校、团队甚至生源都是零的时候,我知道,考验一个人的定力、恒心、智慧的时候到了。曾经的雄心勃勃,曾经的"坐享其成",从这一刻开始归零。

从工作的第一间办公室开始,我需要脚踏实地,循着初心,从头开始。一切都是未知,一切皆有可能。我给了自己一次机会,英特小学也给了我一种新的可能。

故事就从 2017 年 2 月 15 日那一天开始……

2017 年 2 月 15 日,受金成教育集团和杭州英特外国语学校的委托,我到筹建中的杭州市余杭区英特西溪外国语学校(2021 年 4 月更名为杭州英特外国语学校小学部)任职。根据规划,学校将于 2017 年 9 月 1 日正式开学。

学校地址是余杭区闲林街道上和路 125 号,我按照地址找过去,一片建筑工地呈现在眼前,外围被一圈绿网护得严严实实,工人们正在紧锣密鼓地施工。

望着尚未完工的校舍和完全陌生的环境,我心里有些害怕和茫然。

在来这里之前,我在一所公办学校做校长,习惯了成熟的组织和流水线般流畅的管理程序,如今忽然转变身份,来建设一所全新的民办学校,而且还是单枪匹马而来,没有团队,没有现成的模式,甚至没有办公室。筹备一所新学校,对举办者来讲,是从零起步,万事待举,千头万绪;而对于我来说,则是要担得起这份信任和委托,在巨大的挑战面前沉得住气,一个人也要强大成千军万马。在冷静分析了当时的情况后，我觉得最适宜做的事情就是先定个小目标，走一步再说。

当时我最需要办妥两件事：一是找到临时居所，先安顿下来；二是安顿好临时办公室，便于立即开展工作。

杭州英特外国语学校任建华校长体谅我的难处，派王明义和刘芳华临时协助。王明义陪我在学校附近转了转，找了距离近的合适的房子，租下来，以便全身心投入工作；刘芳华协助安顿临时办公室，租用了不远处白云会馆一楼东面的一间会议室。这是一个开间，大约20平方米，乳胶漆的白墙面。搬进来一张办公桌、一台电脑、一部电话机、一排柜子、一张沙发、一张茶几、一台饮水机，还有几张小凳子。朴素至极，甚至有些简陋。

仿佛说好了似的，2017年，未来科技城一带忽然同时开办了好几所新民办学校，规模、规格都很相似。其中有一所筹备最早，提前一年就完成了校舍建造和管理团队储备，所以当我还在一个人整理办公室的时候，他们已经造足声势，亮出豪华教师阵容，邀请家长入校体验。

"初生牛犊不怕虎"，这句话同样适用于40+的我。因为没有真正感受过民办学校的招生压力，所以我就不会过于胆怯。可能骨子里天生有一种喜欢挑战的勇气，当时的我不在意有没有团队，不在意有没有现成模式，不在意辛不辛苦，所有的心思都聚焦在"该做什么，如何做"上。

我先借助图纸了解学校的建筑风格和校舍布局，越研究图纸越发现，在我到岗之前，负责校舍前期建筑规划的任建华校长倾注了大量心血，每一处布局都尽显智慧和前瞻性。然后我深入理解举办者关于学校的定位："英特西溪外国语学校是一所面向未来、培养国际化人才的九年一贯制民办学校，由金成集团举办，从属于杭州英特外国语学校。"既是独立法人单位，又从属于英特体系，那便意味着我需要从小学管理者的角度去重新认识和理解英特中学，汲取英特文化精髓，然后确定新学校的理念和文化系统设计。

从2月15日到3月1日，半个月时间，我常常一个人坐在租来的办公室思考，从白天到黑夜，然后回到租住的小屋，继续想。

"忽悠"来的第一位员工

3月初，招生简章定稿。我想我需要帮手了。

我在脑海里描绘了一下现阶段这位帮手的大致样貌：对工资最好没有很高的要求，毕竟新学校还没开张，能省则省；最好是附近的本地人，熟悉当地交通；可以没有经验，但要勤劳肯学；最好可以身兼多职。

摸排了一遍，想起以前单位里一位90后男同事，名叫陈浩，余杭仓前人。有英语教师资格证，但是考编还没成功，目前处于编外，话不多，但勤快可靠。尝试与他联系，问他愿不愿意到一所美丽的新学校工作。我给出四条理由：一是新学校离他家更近，他每天上下班方便；二是新学校环境好、设施好、前景好，是个多岗位的锻炼平台；三是跟着我干，我可以带他做事，助他迅速成长；四是即便觉得真不合适，以后也不影响他到别的学校任教。不过我也有一个前提——如果想来，就要立即到岗。

他觉得这四条理由，条条在理，恰好他目前的工作也有人可以接手，于是辞职前来报到。到办公室那一刻，我分明看到他眼神中的失望。说好的美丽校舍呢？不会是被忽悠了吧？

办公室多了一名员工，也是开工以后除了我之外的第一位员工。

新学校的确离他家近，但是自从来这里工作，朝九晚五成了一种奢望。3月至6月，招生招师都挤到一起，一忙起来，能够在晚上9点左右伴着星星回家就很不错了，有些时候等所有数据整理完毕甚至要到凌晨。

新工作也的确是多岗位锻炼，但是美丽的环境与设施是个"饼"，多岗位又仿佛是勤杂。比如，兼做司机。根据当年政策，招生简章 4 月 1 日以后才能正式发布，3 月正好做幼升小调研。我对幼儿园的情况不太熟悉，所以请老朋友教研员孙建婷领航，在闲林、五常、余杭、良渚四个街道中挑了一部分幼儿园，实地考察，采访园长，了解往届大班孩子的幼升小方向，以及园长、家长对理想小学的期待。陈浩就是当仁不让的司机，除了司机，他还要做工地协调员、物资采购员、招生接待员、信息处理员等。

3 月、4 月整整两个月，办公室就只有我和他坐镇。我凡事亲力亲为，同时不遗余力对他予以指导。但是待在我身边协助我工作的人，需要有强大的心理承受力。因为我自己在教育行业摸爬滚打几十年，对待工作的标准很高，要求很严，甚至有点完美主义，而工作资历尚浅的他，免不了出错或者有纰漏，再加上他性子慢，有些事情显得跟不上我的节奏，因此少不了受批评和指责。但是陈浩身上有别的年轻人少有的优点，他的脾气很好，受批评也不恼，会把意见听进去，并按照自己的节奏慢慢做，慢慢改进。

披星戴月，在每天一大堆杂事的处理中，他离英语课堂和英语教师的梦越来越遥远……五年以后，我问他是否后悔上了"贼船"，他说曾经有过，但现在不悔。因为站在今天，回望过去，在五年时间里他成长的速度，让他自己都感到惊讶。

磨破嘴皮的销售

陈浩身兼数职，我自己又何尝不是？

订计划，做文案，跑工地，招教师，出题目，做培训，对接幼儿园……当然在最初的几个月，干得最多的活儿是招生。

招生简章发出去了，"从属于杭州英特外国语学校"这一条吸引了不少家长前来咨询，因为当时杭州英特外国语学校已经有十年办学历史，"外语特长、综合素质全面"的培养目标和办学特色已经深入人心，再加上初中毕业生有一定比例可以直升杭州外国语学校的高中部，所以初一新生招生，会吸引全省优秀小学毕业生前来报名。看到和"杭州英特外国语学校"沾亲带故的一所新小学，家长们很想来看看。

招生办公室的位置不好找，常常需要走到路边接应家长。因为附近一带的民办学校多，家长们常常是从那个学校的招生办出来，又来到这个学校的招生办。每次，家长一进我们的办公室，第一反应便是：太平和了！太朴素了！

一开口，家长便直奔主题："英特西溪外国语学校的小学毕业生能否直升杭州英特外国语学校？"

我如实相告："英特西溪外国语学校从属于杭州英特外国语学校体系，毕业生有较大优势考入杭州英特外国语学校。"

家长又会追问："较大优势太笼统，比例是多少？"

我回复："上不封顶，下无保底。"

这个答复显然很苍白无力。同样的问题，不少家长会来来回回问好几遍。比如："你们的师资怎么样？"彼时好几所新开的学校以大幅篇章介绍公办学校借过来的名优师资团队，家长们就特别关心教师的职称、教龄等。

我坦诚相告："我是资深教师，团队以年轻教师居多，不考虑引进公办教师，但是我会以优秀教练的姿态带好这个团队。"

"不考虑引进公办教师"，是我当时比较明确的想法。因为已经有"公办教师不能在民办学校任教"的风声在传，从长远来看，公办教师与民办教师各在其位，各司其职，是一个趋势。我希望招一群校编教师，在自己的培养下成长为一支有战斗力的团队。

接受家长的咨询，是一个体力活。接待一个或一组家长的咨询，往往需要好几个小时。有些家长来来回回要来咨询好多趟。每一次，我都亲自接待，和他们讲我眼中理想的小学教育，讲学校未来的样子。嗓子经常是哑的、痛的，但是我想当时的我是很有诚意的，也是信心满满的。我们没有什么可以拿出来炫耀的条件，唯一能和他们讲的，就是亮出真心和决心。

印象最深的是帧幂妈妈，她原来是中国美院的教师，后来在浙江龙泉青瓷研究所工作，丈夫和公公都是学霸，所以一心要让孩子读学区内知名的公办小学。她来了解了学校的理念之后，颇为动心，但是家里人意见相左。于是，在一次又一次到招生办了解详细情况之后，她把丈夫也请到了办公室。两个半天谈下来，我居然说服了固执的孩子爸爸。

到 4 月底，基本定下来要在学校就读的学生已经超过 100 人，接近招生计划。我悬在空中的心终于放了下来。但还未落地，又被生生拉回半空。

有一位在家长群中颇具影响力的家长，去学校工地实地查看，碰到几个工人在发牢骚，说是这个校舍估计半年都完工不了。她气愤焦虑之下，把这件事公布在她们自己建的家长群里，一时间，人心不稳，不少家长提出转学。

业内人士都知道，新校在开办之初，场地因各种原因暂不能使用的情况属常见，可家长们未必能理解。为了挽回这些家长的心，我一个一个做工作，表明态度，如果校舍不能如期使用，也会找到别的解决办法。谈判工作足足持续了 10 天，耗时 120 多个小时，依然没有挽回大局。最后办理退学、转学的，依然有 30 多人，将近三分之一。

夜色深沉，从办公室走出来，大概已经是晚上 11 点多了，这段时间几乎每天都是这个时段下班。走在空荡荡的小路上，我的心里满是挫败感，感觉双脚踩在海绵上，想要努力却怎么也使不上劲。往前望，夜雾蒙蒙，看不清方向；往后看，夜色凄凉，风声飒飒。但即便如此，新的一天，我们依然要笑着往前。如果遇到一点困难就气馁，那还能做成什么事呢？来之前，我就做好了应对一切困难的准备。

我又铆足了劲，投入到新的招生工作中。

留给我的时间不多，我对自己下了狠命令，接下来，哪怕磨破嘴皮，也要来一个，留住一个。家长担心第一年办学没有底气怎么办？家长在几所学校之间难以选择怎么办……每一个可能遇到的问题，我都仔细思考过如何跟家长有效沟通。提前来跟岗实习的浙江师范大学应届毕业生陈海飞，在办公室里才待了没几天就说："郎校长，您这些天说的话，我们都会背了。"

也许是精诚所至，到 5 月底，学生人数又恢复到 100 余人。突破 100 人大关的那天，我破例按时下班，也放了办公室同事的假。一路上，夕阳柔和地洒在树叶上，泛着金光。我的内心也闪着光芒。原来办一所学校，最重要的是与社会、与家长达成精神的共鸣。

家长愿意给我时间，我也肯定会许家长和孩子一个美好的未来。

受气的"三夹板"

招生计划初步完成，但是依然困难重重。

招生简章上承诺的"校车"服务，经过努力无法实现。

原承诺新校舍9月可以投入使用，但看进度也是悬。

面对这两个棘手的问题，走到家长中去，让家长与家长协商或许是个办法。

于是，5月中旬，我发布了临时家长委员会招募信息，如我预料，报名者寡。谁都知道这个角色不好当，出力不讨好。关键时刻，俞明欣爸爸俞辉挺身而出，不仅加入临时家委会，而且还临危受命担任临时家委会主任。俞爸曾就读于杭州外国语学校，对杭州外国语学校和英特外国语学校的理念非常认同，对新办的英特系小学充满期待，在当初入学咨询时，做决定也是最迅速果断的。而当初力排众议最终成功说服家人让孩子入学英特的帧幂妈妈担任了临时家委会秘书长。

6月7日晚上，临时家委会第一次会议借用英特中学会议室召开，重点讨论家长关注的两大热点问题。俞爸看待问题非常理性，他提议既然校车一事无法落地，那就跟家长坦陈事实，分小组、分步落实，校方和家委会分组，同时给家长们打电话进行沟通，然后把情绪大的家长集中起来次日沟通。大家觉得这个方案可行，于是分组按计划进行。我把对校车需求极为旺盛的离学校比较远的家庭归到我的组里，亲自沟通。当天晚上，工作组成员反馈过来，其余家长的工作都已经做通，只剩下五六户家庭有困难。校车风波基本平息。

接下来就是校舍问题。

2017年6月底，首届新生家长会借英特外国语学校的报告厅召开。参加者是 116 名新生的家长和学校首批教职工。老实说，这次家长会让我忐忑不安。一方面，校舍到目前的确还没有交付；另一方面，我们的教师团队的确年轻。会前我做足了准备，除了对学校课程的顶层构想之外，作为语文教师的我还挑战自己的外语弱项，特地花时间练习了一首英文诗歌朗诵，以表达我的诚意。会议按流程进行。等到快要结束的时候，突然，有个家长站起来，朝我发难。家长有情绪是意料之中，因为开家长会的当天，新校舍还未交付。但就在家长会上，当着全体与会人员的面，朝着我发火，这确实也是意料之外。本来约项目负责人到场参加家长会的，但当天他说有事来不了。于是现场唯一需要面对家长的就是我。这位家长的情绪，点燃了其他人，陆续又有好几人现场要说法。我站在聚光灯下，感觉千万支箭朝我射来，但我无处躲，无法躲。校舍的问题，的确超出了我能应答的范畴。我的回应自然是苍白无力的……在众目睽睽下，我觉得自己的脸面碎了一地。

好不容易家长都散场离去，学校首批教师围着我。今天的场面给刚走出校门的年轻的他们上了生动的一课。他们一个个小心翼翼地望着我，眼睛里同情和敬佩交杂："太不容易了！"他们走上工作岗位学到的第一课，就是如何面对家长的坏情绪和质疑。而且，因为看到了我的不易、委屈和隐忍，此后共事的时间里，每个人都像忽然间长大一样，变得勇敢、无畏，还有体谅和包容。以至于当新校舍的确不能交付使用，只能到少年宫过渡的时候，条件那么艰苦，挑战那么巨大，困难那么多，但他们一个个毫无怨言。

面对冲突，临时家委会再一次充当了"桥梁"，与其说是"桥梁"，不如说是受气的"三夹板"。他们一面劝家长们冷静，一面与学校协商应对办法，校舍如果在 7 月交付，9 月是无法正常使用的，还需要考虑学生的健康和安全因素。如果不能使用，就要考虑别的方案，比如借场地。在努力协商的同时，还要承受和消化部分家长的误解、指责与情绪发泄。

现在回想起来，我由衷感谢的是当年每一个"挺过来"的家长，感恩每一位信任我们的临时家委会成员，尤其是家委会主任。在遇到问题的时候，不会情绪化，也不会只考虑自己，而是换位思考，理解一所新学校起步的艰难，也勇于承担选择一所新学校必须要承担的包容和等待。

尽管他们是抱着真正解决问题的态度，但是其他家长的质疑和不理解仍旧砸向他们，让他们承受着巨大的压力，以至于其中一位家委，在临开学前提出转学。而家委会主任俞爸，也在学校顺利开学以后辞去家委会职务。不过，即便离岗，热心依旧。他参与学校各项活动，也关注着学校成长过程中的点点滴滴，为学校的日益壮大、发展和影响力提升而感到欣慰。

"以诚感人者，人亦诚而应。""那些朝着既定目标坚持不懈并且表现出自信领导气质的人们，通常能赢得信任并鼓舞其他人追随自己。"[1] 在临时家委会的身上，我看到了这种能力与担当。而坚守下来的家长们，大概也相信学校有这种能力与担当。

---

[1] 戴维·迈尔斯：《社会心理学》，侯玉波、乐国安、张智勇等译，人民邮电出版社，2016年，第300页。

只有四个教室的学校

2017年9月1日，新学校开学，借少年宫场地过渡。

经过金成教育集团的协调与沟通，少年宫借给我们四间教室，一间办公室，一间会议室，还有一个活动室。使用时间是周一至周五，周六和周日需归还给少年宫。这就意味着，教师们不能在教室里存放任何资料，所有东西都要随身携带。

我坐进唯一的办公室兼收纳室，同时给每个班级配备了一辆推车。周五傍晚，老师们将所有的教学资料搬到办公室，推车里放不下了，就堆放在办公桌上。周一清晨，再一一搬回教室。每周如此。

过渡的地方没有食堂，学生的中餐和上下午点心，都是中学食堂做好以后再用保温车送过来；过渡的地方也没有操场，体育课就因地制宜，利用一切可以利用的空地。

开学不到一个月，一名数学教师提出离职，理由是："太苦了！"我想方设法挽留，但她去意已决。我在办公室呆坐着，不断问自己怎么办。现在早已经过了招聘季，顺着之前收到的简历联系了几位，都回复说已经找到工作。到哪里去找一个合适的接替者呢？退休后在我校担任数学顾问的宋彩娟老师推荐了一个人，之前有过几年工作经历的翁颖秋。我抱着试试看的心态联系了一下，说了我们目前的困难，翁老师居然答应了，第二天就来上岗，这才解了燃眉之急。

没想到的是，过了几天，又摊上大事了。国庆节后，一名语文教师兼班主任提交了辞职报告。收到报告的当晚，我辗转反侧，彻夜难眠。古话说，"屋漏偏逢连夜雨"，我体会到了那种绝望的心情。翻遍了电话，厚着脸皮求帮忙。

茫然无望之际，浙江省德清县三合中心学校、省语文特级教师张玲帮忙推荐了当时正在代课的小顾。我知道让她辞了手头的工作，对她所在的单位不够厚道，但是这是我唯一能抓到的"救命稻草"。我和小顾足足沟通了两天才让她下定决心前来救急。

一个学期后，另一位语文教师兼班主任，在经过深思熟虑之后也打了退堂鼓。年轻人离开大学校园，以为迎接他们的是云淡风轻和岁月静好，却没想到，一场又一场人生的考验接踵而来。扛得过去是成长，扛不过去便会是逃避。他们的理想太过于美好，而现实太过于残酷。

四间教室，哪里能撑起他们的理想？他们如此，我又何尝没有挫败感？但我不能退，为了这100多个可爱的孩子和背后的家庭，为了剩下的坚守着的教师，为了给予我信任和重托的领导，也为了证明我自己。倘若起步之初都是平坦的大路，沿途都是芬芳的鲜花，我又如何来证明自己存在的意义和挑战的价值？

对几位教师的突然离职，涉及的一年级（2）班、（3）班、（4）班的家长们，此时表现出了难能可贵的体谅与包容，也体现出了良好的教养：对离职的教师没有抱怨，没有责备；对新来的教师没有质疑，没有否定。他们甚至感谢学校，没有立即启用新建成的校舍，能够为孩子的健康着想，过渡场地的条件虽然简陋，但是他们看到了学校所有成员的努力与付出。

面对家长真诚的笑脸和鼓励的眼神，我暗暗在心里打气：请你们放心，未来不会让你们失望。

迅速变"老"的新手教师

要让家长放心，关键取决于教师。2017年秋季，学校首批十二名中国籍教师，包括语文教师四名、数学（兼科学）教师四名、英语教师三名、音体美学科教师各一名。十二名教师中，除了音乐教师有十年教龄外，其余都是刚走出校门的应届生。如何让新教师迅速变"老"？

秘诀是高标准，严要求，和时间赛跑。

3月初，新招聘的一名英语教师、一名数学教师来办公室报到，因为学校还在筹备阶段，没有实践基地，为了不耽误培训，我联系了主城区一所外国语学校，安排英语教师跟岗实习。同时联系了区内的一所公办学校，让数学教师跟着数学名师听课上课。

4月至5月，组织教师阅读《学会教学》《小学教师专业标准解读》《夏山学校》等书，在线讨论，同时提早开启备课与教学实践模式。为了让刚毕业的大学生见识到什么是好的教学，带语文教师拜师浙江省特级教师陆虹；数学团队则派到杭州市学军小学跟岗培训；英语学科由特聘的外籍教学总监负责，中外教一起研读教材。为了帮助教学团队尽快熟悉教材，我专门邀请教材编著者、全国知名特级教师柳涟等顶尖专家来到学校，为教师开设教材研读专题讲座。

6月，是实战练习阶段。我发挥自己是余杭人、对周边环境比较熟悉的优势，与周围几所小学和幼儿园主动建立联系。带着年轻教师去上研究课，熟悉一年级的学生；也带着他们走进幼儿园，为幼儿园小朋友执教研究课，近距离感受幼小衔接。起点高、密集式、理论联系实际的培训与指导，使新教师迅速进入了状态。

9月1日，在少年宫借用场地的新学校开学了。

开学第一天，我们就立了一个规矩：开放课堂。每一门学科、每一位教师、每一堂课，都欢迎旁观者参与听课。开放的课堂，给伙伴之间的相互借鉴与学习提供了非常好的平台。我邀请余杭区退休教研员宋彩娟老师担任常驻观察员，自己则承担了教练的任务，既指导他们教育教学，也指导他们与家长、学生、同事沟通。之前多年积累下的业务经验，现在都派上了用场。在学校里做管理，没有业务上的一技之长，将会寸步难行。

除了日常课的备课上课，辅优补差的压力也很大。新手教师经常会觉得困惑：为什么孩子的表现会有如此大的不同？我采用了差异化教学，利用课后时间，对一下子跟不上进度的孩子重新编班补习，学科教师团队备课，轮流上课。

为了体现课程的丰富性，教师除了执教日常课之外，还需要承担开发拓展课的任务。我找了规范的课程纲要的范本，给教师做培训，同时利用教师人数少的优势，将讲台交给每个教师，让他们逐一上台阐述自己的课堂纲要，其余教师做听众和评委，同时也邀请校外专家来现场点评。这样做的好处是，既促进了每位教师的独立思考，又加强了横向的交流与借鉴。同时，因为有第三人在场，所以每一位参与的教师都在原来的基础上有了认识上的提升。

新手教师的成长，需要指导，需要鼓励，也需要同伴互助与自我反思，尽管计划很周全，但是意外还是不期而至。开学后一个半月内，两名教师突然离职，人心瞬间不稳。那段时间连空气似乎都是紧张的、易碎的。

我跟留下来的老师谈心，讲自己的从教经历，讲一路上遇到的困难，讲为什么要当老师的初心，讲走上讲台后肩负的责任，讲同甘共苦的决心。我跟他们打比方，就像学游泳，初学者难免呛水，甚至想要放弃，若是熬过了这些难关，曾经遇到的一切困难都只是浮云。我还请来了杭州市余杭区实验小学的老校长陈耿忠先生，给年轻教师讲新学校的创业之路。陈校长一支粉笔、一块黑板，推心置腹，语重心长。听已是退休年龄的他重温实验小学的建校历史，看到他眼里依旧保有的那份热爱与情怀，我禁不住热泪盈眶。

苦，怎么会不苦！

新教师来到一所新学校，还要到一个新场地过渡，不仅要求高，还要身兼数职。数学教师兼起教务排课工作，语文教师兼起年级组协调工作，音乐教师兼起行为规范养成工作，美术教师兼起校园文化设计工作……他们就像小马过河一样，不知深浅，只能自己去摸索。但正是这样的摸索与历练，让他们有了不一样的成长经历，也在这个全新的、充满变化的舞台上，不断超越，释放无数潜能。我跟他们半开玩笑半鼓劲地说：如果是普通学校，年轻教师不历练十年以上不可能走上年级组长等重要岗位，而在我们学校，一来就有大把尝试机会，大家可以边学边干，这就是新学校特有的福利。

破釜沉舟的勇气

　　面对在少年宫借用场地开学之后面临的种种困难，学校急需一个契机来破局。在种种压力之下，一个大胆的想法在我脑海中冒出：做一场盛典，在学期末面向社会展示学校半年来的办学成果，凝心聚力。很多人都说我疯了，还有人好意劝说：不要了吧，只有 100 多个一年级孩子，20 名年轻教师，能排出高质量的节目？别到时候闹笑话。

　　我也知道难，但我没有别的更好的选择。新的团队需要通过活动增强凝聚力，家长需要通过外显的成果来增强继续就读的信心，而搬回新校区也需要一个轰轰烈烈的仪式。除了迎难而上，别无他选。

　　我来摆摆眼前的困难：

　　孩子都是一年级新生，除去始业教育、日常教学，可以用来排练的时间少之又少，只能见缝插针。

　　家长不理解、不支持，觉得孩子太小，容易累着，担心排练会占用孩子的学习时间。家长表演秀一开始参与者也是寥寥无几，后来动员之后才有一些家庭参与。

　　团队中除了我和音乐组的陈老师，其他没有一位教师有大型学生活动或演出的策划经验。所有人虽然不缺热情，但是心里特别没有底，不自信。

　　其他困难还有：借用场地，空间不足；教师队伍动荡，不稳定；新教师团队与孩子、家长都还处于磨合期；拓展性课程开发与设计的挑战；只许成功不许失败的决心和压力……

　　我和陈老师分了工。我负责给全体教职工梳理活动意义，统一思想，制定战略，保障服务；陈老师技术支持，执行落地。我们希望有一个专业外援，机缘巧合下，我们和国家一级演员张斌见了面，沟通很是愉快，张老师答应给予艺术指导。于是，这样三个人组成了筹备小组。

然后工作就紧锣密鼓地开始了。

刚开办的学校宣传片怎么拍？我们与拍摄团队反复讨论，最后定下方案，从"国际英特""书香英特""活力英特""艺术英特""圆梦英特"等几个板块切入，一改宣传片文字讲述配画面的流行做法，用音乐和画面来呈现。

难于上青天的一台演出怎么排？

我定了一个基本原则：全校 116 名学生、24 名教职工必须一个不落，全都要走上舞台，同时争取更多的家长也登上舞台。

动员家长的过程也很辛苦。大部分家长持观望态度，小部分已经报名的家长，要么排练时间凑不齐，要么积极性不太高。

我们首批教职工，每一个人都领了重要任务，甚至身兼数职：教师、后勤、导演、演员、搬运工、剪辑师……正如策划案中四个部分的标题一样"同行、同心、同台、同梦"，因为有了共同的目标，在朝着共同目标的行进过程中，大家的心越来越近。没有人喊累，尽管真的很累。

2018 年 1 月 7 日下午，英特西溪外国语学校"走进英特·2018·大手牵小手"迎新盛典暨新校启动仪式在学校室内篮球馆盛大举行。70 名学生和 10 名家长共同参演的群舞《英特花儿朵朵开》暖场，宣传片视频拉开序幕。整个活动一共演出了 12 个节目：

教师、家长诵读《英特缘》（原创作品）

群舞《大大衣服心中梦》

器乐合奏《友谊地久天长》

英语合唱《西溪之声》（原创作品）

音乐剧《艾小语上学记》（原创作品）

表演唱《新学堂歌》

诵读《我站在中国版图前》（原创作品）

家庭才艺秀

拓展成果展示

诵读《英特中国少年》（原创作品）

体艺串烧《活力英特》（原创作品）

鼓舞《雷震天》

每一个孩子在台上都那么耀眼，每一个节目都超出想象的惊艳。

24 名教职工、116 名学生、116 对父母与 50 多位社会各界领导嘉宾，还有自发前来的观众一起参与和见证了这传奇的一刻。

那天阴冷的雨，丝毫没能阻挡大家的脚步，大家都如约而来。

当活动圆满结束，在音乐与掌声中谢幕的那一刻，我们彻底放松下来，感到无比的疲倦和欣慰。所有人都想不到，连我自己也想不到，但是事实上，我们的确是成功了。一个学期的教学成果展示，凝聚了人心，也赢得了人心。

几个月前，我无法掌控一切，无法预见将会发生的所有情况。当我确信必须去做的时候，我很庆幸当初勇敢地去做了。

望着周围疲惫但是欣慰的同事们，望着焕然一新的新校舍，我说：年终盛典，从此就作为我们学校一年一度的传奇吧，我们得把这种明知不易为仍努力为之的精神传承下去。

透明人，让人放心

2018 年 1 月，我们迁入已落成的英特西溪外国语学校新校舍，开启了崭新的征程。一切向好，未来可期。

然而，新的问题又出现了。尽管新校舍已经空置一段时间，尽管施工单位已经出具了专业机构的质量检测报告，但有一部分家长还是担心新校舍的空气质量。

学校秉持办学初心，以真心换真心。经过商议，在金成教育集团的支持下，学校做出重新检测的决定，检测方由家长确定，学校出资。家长成立了一个临时工作小组。经过重新检测，确认各项指标符合要求，家长们悬着的心才放下来。

同样让家长感到不放心的还有新启用的食堂。虽然当时食堂是杭州外国语学校教育后勤服务有限公司的专业团队在运营，但恰巧那个阶段有媒体曝光某地学校食堂的黑幕，家长从担心上升为恐惧。

听解释是苍白的，不如打开围墙，让一切变得透明，让家长们自己来亲历真相。学校推出了食堂体验机制，家长可以报名成为食堂监管志愿者，轮流参与菜单制定、食材抽查、卫生检查、饭菜试吃等。志愿者很是尽职，凡轮到当值的，督查完，会出一份详细的反馈报告，转给其他家长。

越是透明，越是放心。很快，对食堂的担心和恐惧，烟消云散。

为了保障孩子的健康，我邀请家长代表，一起对新校舍的安全隐患进行了全面的排查，为教室的玻璃窗装上了卡扣，在边角比较锋利的柱子、家具角等地方，安装防撞条。有家长提议说，最好能够定制统一的书包，我们委托校服供应商设计制作，并作为礼物赠送给每一个孩子。孩子们高高兴兴背了几天，家长又反映说，新书包在人体力学方面的考虑有所欠缺，希望让孩子自选。

如果你是完全置身事外的读者，听到这里，也许会觉得家长们怎么如此难以对付，要求怎么如此之多。没错，在我还没有成为母亲之前，也许也会这么想，但是成为母亲之后，我理解了他们。大多数父母遇上和自己孩子有关的事情，都会患得患失。理解了家长，就能感同身受。学校马上发通知，新书包不一定统一背，可以由家长自行决定。这不是无原则地附和家长，而是只要涉及孩子的健康问题，再小的事也是大事。

这样的事情经历多了，首届学生的家长对学校的信任感与日俱增。他们说，从来没有见过一所学校，能够如此重视家长的意见，并迅速做出回应；也从来没有见过一所学校，能有如此宽广的胸怀，接纳别人的建议，并根据实际情况进行调整。都说教育是一棵树摇动另一棵树，一朵云推动另一朵云，一颗心灵唤醒另一颗心灵，但真正要做到，需要众志成城的团结和对每一个孩子负责的决心与勇气。

将所有的关注点都落在孩子身上，以孩子的健康成长为第一要义，这就是教育的初心吧。带着初心上路，再难走的路也会变得简单。

第二章

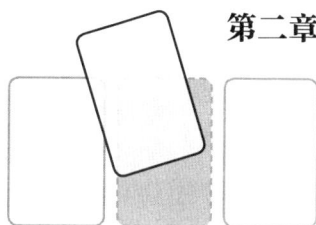

没人"管"的学校

CHAPTER 2

不是标新立异，而是为了适应现实的变化，
是时候做些改变了。

闲暇时间，可以读书，
可以思考，可以发呆，
甚至可以做做白日梦，
小小的空间里有大大的世界。

让学校带点个性

搬回新校舍，一切走上了正轨。校门口崭新的校名"英特西溪外国语学校"，在阳光下熠熠生辉。学校隶属金成英特体系，秉承"为不可预测的未来培养健康成长的学生"的办学理念，培养目标、课程体系等都与杭州英特外国语学校一脉相承。

2018 年，数学教师袁霞因为居住地址的变动，从别的外国语学校调入我们学校。工作的第一个月，如果用一个词语来形容袁老师的感受，非"惊讶"莫属：这个学校的师生怎么有如此蓬勃的生机？他们热情、自信，仿佛有用不完的劲，还无私到任何资源和经验都乐意分享。2020 年入职的语文教师汪乐，曾经也在别的外国语学校工作过五六年，她的感受和袁霞一样，感觉这个学校很不一样，在这里，"仿佛自发的，每个人都能找到让自己喜欢并愿意为之忙碌起来的事情"。刚参加工作的教师董佳维，对学校的印象是："教师不像教师，而是一群有童心的追梦者；校长也不像传统校长，而是一位无畏无惧的领头人，充满力量的创新者。"

几年办学期间，无论是身在其中的教师、家长，还是匆匆来去的造访者、指导者，都留下了"这个外国语学校不太一样"的印象。这引起了我的研究兴趣，外国语学校的使命如何在小学落地？我们的外国语学校与别的学校有何不同？

我专门去查阅了相关资料。外国语学校的历史，可以追溯到 20 世纪 60 年代。当时，为了培养高级外语人才，我国开始在一些大城市建立外国语学校。1963年教育部《关于开办外国语学校的通知》对外国语学校的性质和任务、培养目标、学制、课程等做出了一系列的规定。外国语学校培养的目标和普通中小学是一致的，区别在于文化知识方面的要求有所不同，即外国语学校提高了语文、外语等的教学要求，另外，外国语学校要特别加强思想政治教育和道德品质教育，防止特殊化。为了保证外国语教学的质量，中小学各级的外语课都实行小班教学，积极开展多种多样的外语课外活动，营造学生学习外语的环境。

此后，全国各地外国语学校如雨后春笋般涌现。一时间，"外国语学校"成了一个时髦的词汇，似乎沾上这几个字就有了与国际接轨的范儿。但是在信息化、全球化的今天，面对激烈的竞争和优胜劣汰的趋势，外国语学校该如何认清自己的使命并且具有自己的个性，以形成核心竞争力呢？

首先，要站在更高的层面看待学校的使命。

学校不是一座孤岛，它与时代发展紧密相连。在智能时代、全球化、"一带一路"倡议等大环境背景下，我们也应对现代教育的价值、功能、使命有正确、深刻的认识。我们要承担起传承民族文化、培养世界胸怀的责任，要承担起为未来社会培育合格公民、国际化人才的责任。我们既要汲取中国基础教育的优秀经验，又要融入西方教育的精粹；既要兼顾全面的发展，又要实践个性的、自由的发展；既要在语言习得上下功夫，又要重视多元文化的理解、尊重以及包容心态的培养……即为不可预测的未来培养健康成长的学生。对学校使命有清晰的理解，才会落实在理念的架构、课程的设置以及教与学的实践中。

其次，要准确了解家长群体的需求变化。

和早些年一味否定国内教育的片面化认识不同，现在的家长显得更为理性。一则家庭教育的理念在更新，越来越多的家长不希望在孩子还小的时候，替代孩子做出在国内或国外求学的选择；二则中国改革开放以来的发展速度举世瞩目，越来越多的家长认为未来不可预测，将来究竟是出国还是留在国内更好很难说，所以基础教育还是扎扎实实地在国内完成，毕竟母语基础是不能丢的。但是，对国内的基础教育，他们又希望能够更多地融合国际化元素。说得通俗一些，就是"中国情怀""国际视野"二者兼顾。

再次，要对核心竞争力形成自己的理解。

什么是核心竞争力？人无我有，人有我优。从民办教育政策变化趋势看，面向未来的教育竞争，不应该是民办学校和公办学校之间的竞争，而是创新教育和传统教育的竞争；也不应该是民办学校与民办学校之间的竞争，而是不同特色和品牌的选择，即核心竞争力之间的竞争。

我们的核心竞争力在哪里？我想起办学之初与杭州市教育科学研究院院长俞晓东先生的一番交流。和智者畅谈，受益无穷，心中的方向渐渐明晰起来。不如就让学校带点"个性"吧，融入一些别具一格的思考，做一些与众不同的、有创新价值的事情，让学校在"新"的基础上，不断增加辨识度，形成一种独特的气质。如今五年过去了，回头看，个性化、差异化发展之路，真的就成就了一所新学校。这个"不一样"，就成了我们的核心竞争力。

当我们看清楚了前方的路，那么，剩下的，就是大胆往前走。第一步要探索的，就是治理变革。

寻找"组织"的共鸣

2018 年寒假，读到一篇文章，里面提到弗雷德里克·莱卢所著《重塑组织》一书中的观点，引起了我的共鸣。于是找了原书来，利用假期读一读。没想到 30 万字的书，一捧上手我就再也放不下来了，几乎是一口气就从开头读到结尾，还意犹未尽，又择要点处反复琢磨了一番。

莱卢从历史与发展的视角，概括了过去与现在的组织模式，并用不同的颜色加以命名。在人类的最初发展阶段，组织的凝聚力来自于在人际关系间持续使用武力，组织的首领必须展示出命令性权威才能保障自身的地位，就像"狼群"中的"头狼"。莱卢把这一阶段的组织范式称为冲动—红色组织。当人类从依赖园艺生存的部落社会跃迁至农业、国家与文明、机构、科层制及组织化宗教的时代，服从—琥珀色组织出现了，它借助严格的流程，像军队一样运作，通过自上而下的命令和控制，形成了等级制的金字塔。现代跨国公司则是成就—橙色组织的化身，比如沃尔玛、耐克或者可口可乐。橙色组织的世界观将组织比作机器，目标是打败竞争者，取得盈利和增长，并在创新、责任、精英制上取得了重要突破。橙色组织以一种"有效或无效"的标准取代了琥珀色的"对与错"的绝对真理，而多元—绿色组织则敏锐地意识到了橙色世界观给人类和社会带来的阴暗面：物质主义、社会不公平、社群的丧失。绿色组织开始授权，将大部分决策权下放给一线员工。同时，绿色组织的领导将推行价值驱动的文化以及有感召力的宗旨作为主要工作。在经典的金字塔结构中，聚焦于文化与授权，以达成非凡的员工激励。绿色组织倡导将组织看作家庭，成员们在一起，随时准备帮助彼此解决困难。像西南航空，以其特有的方式展现"服务者之心"

的八个规条之一就是员工要"拥抱西南航空大家庭"。

上述四种组织范式，每一个范式都包含并超越前一个，但特定的环境，还是需要运用不同的组织范式来适应。我们无法简单地对号入座，因为人类的发展有许多维度——认知、道德、心理、社会、精神等。我们不一定在所有的维度都以相同的速度成长；即使共处一个阶段的人，看到的世界也是彼此不同的。当现有的世界观无法解决重大生活挑战的时候，往往就是一个人纵向成长的触发点。我们要么成长到一个能为自己的问题提供解决方案的更加复杂的视角，要么试图忽略或者逃避，更加顽固地依赖现有的价值观。

那么，当世界发展到万物互联的时代，当技术不再是最激动人心的突破，取而代之的是对"生而为人的意义"的更为开阔的理解的时候，当人类进化的下一阶段与马斯洛需求层次论提到的"自我实现"阶段相对应的时候，当人生的终极目的是活出真实的自我，尊重自己的天赋与使命，并且服务于人类以及我们的世界的时候，我们将如何对更高、更复杂的意识阶段保持开放并不断成长呢？

莱卢提出了进化—青色组织的构想。青色组织将组织看作一个生命系统，在自主管理、完整性、进化宗旨三个方面实现了重大突破。青色组织有效运行的关键是基于同侪关系的系统，聚焦团队绩效，用建议取代决策，简化项目管理，淡化职位头衔，实行自主管理，通过集体智慧产生最佳反应。青色组织支持身心完整，价值观清晰，并转化为具体的行为准则，去营造温暖安全的工作环境。将诚实作为内在尺度，每个人都在感知应该做的正确的事。定期发现和解决冲突，绩效管理由对过去的评判转为关于个人的学习旅程和使命的探究。青色组织有自己的能力和方向感，其进化宗旨是"工作是爱的行动"。招聘、培训、评估，都寻找三种类型的匹配：角色匹配、组织匹配以及宗旨的匹配。当个人和组织的宗旨进入共振和相互强化的状态时，每个人而非只是少数人都变得强有力，智慧地运用力量，力量倍增，这时候，非同凡响的事情就有可能发生。德国的柏林中心福音学校（Evangelische Schule Berlin-Zentrum，ESBZ）就为进化型青色组织提供了学校领域的绝佳范例。

与青色组织相比，前面提到的四种组织，要么只关注硬性的维度而牺牲了软性的维度，要么相反，可以很确信地猜想：未来一定属于这样的组织，它们内部的软性和硬性的维度携手并进，相互强化，释放之前未被利用的能量，以更加清晰、智慧的方式利用和引导能量。

许多思想家都试着预测过社会可能（一定）会如何演变：零增长与闭环经济？替代性消费与替代性货币体系？全球社区？工作的终结……是崩溃还是渐变，只有时间可以告诉我们这些预言能否以及何时成真。彼得·德鲁克说："对于未来，我们唯一知道的就是它会有所不同……预测未来的最好方法是创造它。"[1]

心向往之，行必能至。新学校已经掀开新篇章，我很期待：在非同寻常的时代，当一些极富意义的新生事物悄然诞生的时候，倘若我们觉察、探索、践行、变革，展现出更为完整的人性，走出一条更为简单的路，那我们将有能力做些什么？创造什么？成就什么？

---

[1] 弗雷德里克·莱卢：《重塑组织》，进化组织研习社译，陆维东审校，东方出版社，2017年，第443页。

尝试一种新方式

2018年寒假，对学校治理变革的研究与思考，几乎占据我所有的空余时间。我感觉自己兴致勃勃，有想要马上尝试的强烈冲动。

冬日的阳光暖暖地照进来。我在笔记本上敲下关于变革的设想。

变革之一：喊出"工作是爱的行动"的工作宣言。

法国画家马克·夏卡尔说："任何事物如果没有自身的意义，没有灵魂，也没有浸润着爱，那都将是荒诞可笑的。"学校存在的意义是什么？如果用一个字来凝练我们工作的意义，没有比"爱"更适切的了。工作，不仅仅是谋生的手段，不仅仅是事业的追求，更是服务于他人的行为。当这个宗旨被我们所有人理解、接纳、内化以后，我们就会放下掌控和自私之心，选择爱与联结。最外显的行为变化是：Keep Smiling（保持微笑）。当每一名教师都能成为良好的情绪管理者，能有意识地觉察到温和、愉悦的情绪能更好地服务于"工作是爱的行动"，那么这个"Keep Smiling"就不仅仅是单一的行为，而是一把花籽儿，来日就能开满校园。

变革之二：将决策权从"我"手里交到"我们"手里。

对一般的学校来说，决策权往往属于领导层，这种自上而下的管理方式，简单高效，但是会忽略一线教师的发言权。而事实上，只有真正在面对问题的人，才更了解问题本身。所以决策权必须从"我"转向"我们"。做决策的过程，是互相学习的过程，是体验式培训的过程，是培养主动性和创造性的过程，也是感受工作乐趣的过程，因为参与其中的每一个人都感受到了"我需要你"的信号，而担任决策者的教师则感受到了责任、信任和激情。

变革之三：淡化职位头衔，全员负责。

除了校长是职业管理人外，不设其他固定管理岗位。没有副校长，也没有明确的中层领导，只有明确的岗位和项目。我们认为每一位教职工都是富有创造性、善于思考、值得信赖的成年人，有能力做出决策，也能够对自己的决策和行为负责，愿意用自己的天赋与才能为学校做出贡献。我们尽量消除职位头衔在人们意识中根深蒂固的影响，鼓励教师根据自己的特点承担明确的岗位职责和具体的项目。

变革之四：弱化个人主义，聚焦团队绩效。

我们都是学校里的重要一员，对自己的一言一行负责。同时我们又是一个团队，必须秉持"一个人可以走得更快，一群人可以走得更远"的信念。注重团队绩效，每个人都会很看重自己在团队里的表现以及同伴的评价，于是大家就学会了合作，学会了分享，排除了自私和小我。

纸上得来终觉浅，绝知此事须躬行。我的美妙而大胆的设想，能够实现吗？

新学期伊始，机会来了。用儿童节策划项目小试牛刀，对此项目感兴趣的老师可以申报成为项目负责人。

英语组的沈老师第一个报名。我记得当时她报名的理由是：自己个性比较内向，想挑战一下，迈出自己的舒适区，培养一下沟通和协调能力。经过教师代表投票通过，项目交给了沈老师，同时交到她手上的还有相应的人事调度权、财权和物品的支配权。3月底，沈老师基于对同事的了解，很快组建了工作团队，向每一个人征求意见，这个时候，参与项目的教师就组成了共同体，每一位参与者都非常熟悉情况，而且活动的成败与他们息息相关。这样，他们在提建议的时候就会认真思考。沈老师结合了大家的意见确定了活动主题为"夏日集市"。

在制定方案阶段，她充分征求团队成员的意见，对活动时间、活动形式与流程、活动的分工与责任人、购物清单等多个细节展开讨论。方案出台后又在全体教职工（包括后勤和保安）中征求了两轮意见，然后报给我审核。工作部署会上，我主持，沈老师主讲。最终活动圆满结束，沈老师趁热打铁写出了长长的活动总结报告，并反思了存在的不足以及改进建议。这个案例也成为日后教师领导力培养的培训教材。

2019 年的儿童节策划，音乐组的葛丁诺老师成了项目总负责人，她和沈老师个性不同，风格迥异，选择的主题是"美食嘉年华"。葛老师参考了上一年的工作流程，在完成活动之后又推进了一步，让每一位教职工写一写活动感言和建议，以便留下经验与启示。

"这次活动不仅是一次孩子的狂欢，同时也是家长的狂欢。家长在这次活动中放飞了自我，乐在其中。无论是摆摊卖货还是草坪露营，家长都爆发出了极大的热情。我不禁感叹：家长其实也是大孩子。他们只是需要一个机会，就可以像孩子一样迸发出无限的童趣。愉快的体验会让家长增加对学校的好感，这是我们今后举办活动可以考虑到的点。"数学组的李东禹老师在活动感言里写下这么一段话，而且一年后还把这个启示用到了他负责的家长开放周活动中。

试一试，吓一跳

沈老师的经历鼓舞着年轻教师：不试一试，怎么知道行不行？

作为管理者，我也更愿意认同每一个岗位都很重要，每一位教职工都很重要。

热情已经点燃，自信心开始积聚，时机已经来临。我将学校管理内容细分为不同周期的多个项目，像年级组、备课组、课程、教研、环境、品牌宣传、团建、招聘、培训、考评等项目，周期一般在一至三年；像节日庆典、运动会、科创节、主题论坛、申报验收等，周期一般在三至六个月；除此之外，还有临时性的、应急的项目，教师可以根据自己的兴趣与特长自主申报。

张老师是一位拥有十几年教龄的优秀语文教师，曾在其他学校担任过德育主任。来到英特小学后，主动提出担任一个班级的班主任，因为她心中一直有个好好带班的教育梦，学校尊重她的选择。张老师还发挥其擅长心理疏导的优势，申报了"英特之家"项目，做着自己热爱的工作，动力十足。

赵尔琪老师2017年底研究生毕业来到学校，实习的半年里，承担了学校"艾小语始业教育动画""学校导视系统制作"等多个项目，并顺利完成。2018年秋季，年轻的赵老师申报2018级年级组长项目，其对工作主动负责、善于沟通的特质，使得年级组团结一致且富有特色。

尊重每一位教师的特质与个性，并根据其所长，让适合的人到适合的岗位，这样教师能得心应手，做起事来成就感满满，学校运行也能收获最大效益。当个人的能力和岗位所需进入共振和相互强化的状态时，每个人而非只是少数人变得强有力。智慧地运用力量，力量倍增，这时候，非同凡响的事情就有可能发生。

除了申报现有的项目，教师也可以结合自己的特长创造新的项目。

张任昊是 2018 级的一名男班主任和数学教师。他兴趣广泛，热爱音乐和运动，班里的调皮男生都很崇拜他，因崇拜而愿意接受他的教育。不少女班主任头疼的男生调皮问题，在他这里迎刃而解。于是大家跟他商量，是否可以代为帮教班上的调皮学生。2019 年 4 月，他创生了"男生帮"项目，全校近 10 个调皮男生，成了他的业余学生，他陪他们跑步、打篮球，和他们谈心，也不定期家访。

一个学期带下来，效果不错，操场上常常看到他们师生奔跑的身影，几位男孩子课外活动量加大了，课堂上反而能静下心来。有了小项目成功开展的基础，大学毕业才一年的张老师胆子大了不少。2019 年 9 月，新生入学，食堂用餐人数骤增，尽管学校再三倡导"食不言"文化，但低龄段的孩子总是控制不住自己，教师就餐时也难免说上几句话，食堂里经常出现喧闹的现象。但是张老师带领的班级总是能够安静文明就餐。于是 10 月，他主动申请了"纪律教育"的项目，通过先从教师做起、改进排队机制、学生自主管理等方式，不留任何情面、不留任何漏洞地把食堂纪律管好了。做这些项目并没有改变张老师的身份，他依然是那个快乐地沉浸在自己工作里的男班主任和数学教师。

学校拓展性课程"因才营"项目，原来由李老师负责，但是运行两年以后，家长日益增长的个性化需求与原有模式之间产生了矛盾。所谓旁观者清，张老师看到了这些问题，在对"因才营"项目进行观察和论证之后，于 2020 年 6 月写出了万字建议书，并主动提出兼任"因才营"项目负责人。收到建议书的时候，我既为张老师的主人翁意识和勇气点赞，但同时也担心李老师会心生芥蒂，面子上过不去。

考虑了一天，我决定召开项目论证会，邀请张老师和李老师同时参加。事先我给两人都"打了预防针"：从更好地做事的角度去看待问题。会上，张老师很坦然，李老师很豁达。参与项目论证的教师看了建议书，都觉得操作性强，可以试一试，但同时也担心项目的衔接问题。李老师提了一个两全之策，让张老师主负责，他自己则变为协助者。两个人的胆魄和胸襟都令人佩服。

这些项目虽各有分工，但更重要的是，谁更适合来做。一方面，教师可以更多体验不同的项目，发现自己身上的潜能，激发工作热情；另一方面，人员在不同项目内的流动，加强了项目之间的合作、分享和互助，进一步推进项目的有效开展。张老师和李老师的故事，鼓励更多人去做破冰者，打破原有的舒适圈。

当我们相信"每一位教职工都有能力做出决策，也能够对自己的决策和行为负责，愿意用自己的天赋与才能为学校做出贡献"时，全员负责的氛围就形成了。如果"淡化职位头衔"成为一种共识，就不会滋生认为自己比某些人高或者比某些人低的想法，也不会对名望、功利等产生依恋。用平常心做教育，是我想要的理想中的样子。

如果暂时没有感兴趣的项目，有些老师就选择了等待。2018 年入校的孙慧老师一等就等了三年。2021 年夏天，她终于等到了。那天我在教师会议上说起学校有想法要做"全科阅读项目"，第二天孙老师就表达了她对这个项目的浓厚兴趣，还拿出了一个简要的方案。

变"要我做"为"我要做"，改变不是一点点。相比在项目中成长的老师，我的收获更多，惊喜更大。不试不知道，一试吓一跳。我看到了当管理变成兼职，当普通教师拥有决策权和资源，能够负责管理某一项目，并且为与自己息息相关的工作而努力时，他们惊人的内驱力就激发出来了。

貌似没有人"管"，实质上人人都是管理者。

"校长"也能轮着当

在推行价值驱动的文化以及有感召力的宗旨基础上，教师兼职做管理，人人有事可做，全员领导力得到了提升。我索性把"校长"岗位也让渡出来，想体验一把的教师都可以申报，体验时间为一个月。

第一次发布月度校长公开招募书时，开始无人报名。不是不想，是不敢。经过动员和鼓励，李东禹第一个报名，成为第一位月度校长。他的主要工作是：

1. 每周五汇总各项目组提交的下一周工作安排，起草下周工作计划，督促落实。

2. 主持重要会议，做好会议记录的同时，思考并提出自己的想法与建议。

3. 审核一、二年级每周的家校联系单。

4. 每日至少巡视一次校园，发现亮点或问题并提出合理化建议。

5. 每周与校长约谈一次，并事先罗列好主题或问题。

6. 协助做好家长或其他来访客人的服务接待工作。

7. 与下月助理及相关教师联系完成衔接与培训工作。

8. 月底完成一份调研报告或工作总结。

9. 处理或协调临时发生的事项。

从上述工作清单可以看出，"月度校长"相当于在履行常务副校长的职责，工作触角会涉及学校工作的方方面面。担任月度校长的教师，不减工作量，既是在一线教书的普通教师，又是协助校长处理学校事务的行政人员。

尽管已经有半年项目工作经验，但在完成"月度校长"任务时，李老师面临着巨大的挑战，他需要完全转换角色，试图从校长的角度去看、去听、去思考，同时还要主动去了解学校各个层面的工作。第一次主持会议的时候，他说自己"紧张得心儿怦怦跳"，而我又何尝不是如此？记得参加工作初期，第一次在国旗下讲话，我的双手无法控制地在颤抖，拿着的信纸也不听使唤起来。人都是在锻炼中长大的，不是吗？那一个月，他忙碌着，成长着。在承受压力的同时，初出校门的他心里还有满满的兴奋和自豪。

的确如此，"月度校长"虽然只有短短一个月，但参与其中的教师都倍感珍惜。周末收集整合各项目的下周工作安排，看似两三张 A4 纸，却需要非常严谨的态度，大到下周的重点工作，小到一个小型会议放在哪个会议室开，都要写得清清楚楚。有些模糊的工作，还要跟负责老师一再确认。排完了还要让教师代表再审核一遍，确认无误再发给我审核。所以，工作安排定稿，常常是在周六的深夜。

从 2017 年启动，历经五年，全校已经有 30% 的教师体验过"月度校长"的工作。2020 年入职的体育老师范冉冉，心里很想尝试这份工作，但是又缺乏胆量，犹豫了一年后才勇敢地提出申请。2021 年秋季入职的申屠宇欣胆子就大了许多，报到第一周就提交了有意向担任"月度校长"的申请。两个月后，她如愿了，感受非常深刻："刚上任时的第一个任务就是我的第一课。在收集各项目负责人'校园问题'和'好人好事'的过程中，一部分老师主动按时将资料传给我，另一部分老师经我多次提醒仍然迟迟不交，我想等所有材料都收齐再上报，结果错过了截止时间。如果工作中有老师不配合或者拖延，我该如何办呢？"

角色转换，让参与者看到了平时看不到的关于自己或他人的许多问题。

推出"月度校长"，不单纯是为了培养和选拔管理人才，更重要的是培养普通教师群体的领导力。因为我从一些老教师的成长案例中发现，传统的教师培训，着重于教学能力培训，很多老教师教学经验丰富，教学技能突出，但是在与他人合作以及调动他人积极性、影响他人方面，则显得不足。我希望帮教师补上"领导力"这一课，一则使教师具备不靠领导权威，仅凭自身才能就能够与他人合作完成艰巨任务的能力；二则只有自身具备领导力的教师，才能培养学生的领导力。而领导力课程，正是学校课程体系中的一个部分。

拥有双重身份的"月度校长"，需要能将教育教学与学校事务两者相结合，站在育人的角度思考规划学校，站在学校整体发展的角度促进教育教学；同时，因为参与学校各个板块的工作，又能够及时知晓校长的想法、处理方法以及应急手段，所以能近距离地了解校长角色和管理思路。全局观、大局意识逐渐埋进了教师们的心中。

"月度校长"要协调各部门，负责或跟进各项活动进程，整理出台各类文件，随时处理突发状况等，这对教师的自我认同、沟通交流、协同执行、洞察创新、应变反思等综合能力都提出了一定的要求。这个过程也是激发教师自我管理能力的过程。

"月度校长"的设立，使得我们学校日常事务有扎根一线的专人跟进并协助处理解决，既接地气，又在一定程度上帮助校长解放一部分处理琐碎小事的精力。而我也确实能从各个特别助理的工作风格和成效中发掘一些管理人才，纳入后备干部梯队。

另外，"月度校长"还构建起了教师与校长之间沟通的纽带。每一所学校都会有那么一部分教师有建议不敢直接向校长提出，这时候，月度校长便能起到一个很好的纽带作用：倾听教师们的建议与心声，上传到校长室；当有的教师抱怨、不能理解学校的某些行政决策时，可向其解释、转达学校这么做的原因，帮助学校营造和谐向上的氛围。

在任期内，是"月度校长"；不在任期内，则是普通教师。这种身份的自由无障碍切换，也符合学校淡化职位头衔的管理文化。当然，每个月都要担当起"教练"的角色，根据不同助手的特质去指导，去合作，对于我本身也是个不小的挑战。但正是因为有难度，才更值得去探索，不是吗？

未来大家说了算

2018 年春季，学校制订了 2018—2020 三年规划。2021 年春季，制订了 2021—2023 三年规划。这是上级行政部门的任务，也是学校的第一要务。

每一次制订规划，我都很慎重。因为翔实周密的规划，解决了我们将要往哪里去的问题。只有方向明确了，努力才有意义。

规划谁来制订呢？如果是我来制订，可能花上几天时间闭门造车就完成了。如果是指定管理团队的核心人员来完成，任务压下去，一两周可能也能顺利完成，但那不是我想要的规划。学校的发展，离不开每一个人的努力，必须每个人都在场，而且亲历其中。制订规划的战线需要拉长，需要浸润每个人的思想。

制订第一个三年规划的时候，团队里总共只有 20 多名教职工和 116 名学生。建校伊始，基础还是一张白纸。我把主攻方向聚焦在校园文化建设、教师队伍培养、课程体系构建和英语教学特色打造上。彼时，2018 级的部分新聘教师，已经提前半年到岗培训，英国留学刚归来的赵尔琪就是其中一位。我把三年规划的资料收集和论证工作，交给了刚刚入校的她。一方面，是给予她迅速了解学校的机会；另一方面，还未承担课务的她有更多时间可以去考察学校，去采访老师，去思考未来。事后赵老师说："如果没有参与其中，如果只是执行，我与学校的感情不会如此深厚，我的成长不可能这么快。"

为了验证三年规划的可操作性，我们还制订了每年的年度目标，把计划、实施、总结、反思连成线。三年以后回头看，规划中的目标达成率达到 95% 以上。

制订第二个三年计划，学校已经积累了一定的办学经验，需要在传承中修正和创新。那时，团队里已经有 80 多名教职工和 622 名学生。

于是，2021 年初，每一位教职工都领取了一份特殊的寒假作业，去畅想未来几年学校的理想样貌。开学初，数场围绕"规划"展开的头脑风暴开启了。有时候是学科组内的头脑风暴，有时候是年级组内的头脑风暴，有时候是项目组人员的头脑风暴。人人参与，人人发言，摆问题，列事实，谈思路。每一次头脑风暴，最后都会形成厚厚的文字记录。那不是简单的文字，那是和学校一起同频共振的心。

规划需要每一位教职工在场，同样也需要家长在场。学校通过问卷，了解家长对学校的建议和意见，让家长用关键词描述学校特质。另外，通过各个层次的家长座谈会，就一些具体的细节，与家长深度讨论，充分听取家长建议。

在听取各方意见的过程中，我对学校要走往哪里的思考越来越清晰。前期有了充分酝酿，后期才能有接地气的规划初稿。

初稿成型以后，学校又召开了几次论证会。首先，邀请各班家委会主任和项目组教师参与论证，大家认真阅读草案，听取汇报，并在信笺纸上写下意见和思考。其次，召开全体教师听证会，反复推敲规划的前瞻性和可操作性，明确自己在其中要承担什么角色。最后，学校的规划最终目的是促进学生的发展。学生这个主角怎能缺席？我们便邀请了学生代表，听取他们对规划的看法。

如此自下而上，又自上而下，来来回回反复沟通，大概花了 5 个月时间。但这时间花得值。参与规划的制订，让每一个人都产生了"我是主人翁"的强烈意识。而师生、家长的共同参与，让规划更具有现实意义以及推进价值。

记得《奈飞文化手册》里有这么一句话——"伟大的团队是这样的团队：其中的每一位成员都知道自己要前往何方，并愿意为此付出任何努力。"[1] 目标已经在那里，那么，就让我们为未来，做现在。

---

[1] 帕蒂·麦考德：《奈飞文化手册》，范珂译，浙江教育出版社，2018 年，第 17 页。

居然也敢这么干

2019 年秋季的招师项目，由入职第三年的陈海飞和刚入职的陈舒畅共同负责。

9 月初，她俩拟好了招师简章初稿。我发现，无论是形式和内容都和前一年差不多，便毫不留情地退了回去，并提了一个修改建议：站在对方的视角，去考虑应聘教师需要什么，关心什么，追求什么，顾虑什么，然后再来写招聘启事。

修改后的文案，标题是"我们的不断启程，是为了与你更好地相遇"，然后分栏目的子标题是"美丽环境滋养你""雄厚实力助力你""贴心关照温暖你"，再配上温暖灵动的表达风格，从衣食住行、工作环境、成长平台、未来规划等各方面为即将入职的新教师贴心考虑。只字未提学校有多好，而是把姿态放低，将心比心地为对方做全方位的考虑。

果然，这份招师简章推出以后，赢得了无数应聘者的青睐，数以千计的简历投到了学校的邮箱里。有的直接在"求职原因"中说："看到这样的文字，有一种瞬间打动心灵的感觉，仿佛千山万水的寻找，只为奔你而来。"

两位陈老师按学科把简历整理好以后，让各学科项目负责人审核简历，其中一个重点指标是"一专多能"。简历审核过关的应聘者发送一段能体现自己特长的视频，进行二轮筛选。视频审核通过才有机会现场考核，进入笔试环节，笔试既考核学科素养、教学能力，也考核个人才艺或特长。最后，经过层层筛选留下优秀者进入面试环节。

常规的教师招聘，一般会注重教案设计、说课、试讲等教学实践能力，而英特小学的招聘形式，不太一样。和教学实践能力相比，我更看重教师的学科素养、沟通与表达能力、合作能力、创新思维。所以，笔试环节，除了考察应聘者对儿童心理特点的认识，我还增加了学科素养的比重，如语文教师更侧重读写，数学教师侧重解题，音乐教师侧重才艺等。面试环节，采用集体面试，或者是无领导面试，即采用情景模拟的方式对应聘者进行小组面试，或者采用主题对话式，即针对某个问题或话题和评委展开即兴对话，考察各应聘者在一个团队中的定位，以及是否具有破冰、组织领导、总结等各方面的能力。

面试优胜者进入约谈和课堂实践。校长约谈环节，重点考察应聘教师的综合素养以及对职业的理解和人生的规划。课堂实践环节，形式也很多样，同课异构、主题教研、分课时接龙……每一位走完全程的应聘教师，总是感叹：不一样啊！不容易啊！

来学校现场考核的有高校毕业生，也有在职教师，一部分需从外地赶来，考虑到来往交通的不便，以及日程安排上的冲突，学校人性化地将招聘会分解成三期进行，10 月底、12 月底、3 月底各举办一场，并且早早就将具体时间确定并公告，以利于应聘者提前安排。这样的安排深得人心，有的错过了这场就赶下一场。就业，是人生的重要事件，如果学校为此增加工作量，但能尽量让应聘者不留遗憾，那么再辛苦也值得。

为了让应聘者有比较好的心理体验，我在接待流程上反复推敲。每一位投了简历的人，100% 能及时收到学校回复，或进入面试，或未进入面试，既让过了简历关的人安心，也让未过简历关的应聘者能尽早去寻找别的工作机会。对进入考试关的应聘者，学校会安排专人接待，设施先进的恒温小剧场是休息室，大屏幕上会贴心地播放学校日常拍摄的小视频。从休息室到考场会有专人引路，以免应聘者不熟悉环境找不到考场。上午笔试结束，食堂为每一位应聘者精心准备丰盛的午餐，午餐结束回到小剧场，屏幕上已经公告笔试成绩，成绩优秀的会留下来参加下午的面试。下午面试结束以后，应聘者在当天晚上就能收到成绩公告，优秀者会进入校长约谈环节和课堂实践环节。整个流程清晰、高效、不拖沓，整个考试过程公平、透明。优胜者欢欣鼓舞，淘汰者也心服口服。

上午的结果中午告知，下午的结果晚上告知，今天能告知的结果绝不拖延到明天。这是招聘工作人员铁的纪律，既是对应聘者的尊重和理解，也杜绝说情者影响公平公正。

这样的招聘方式，区别于一般学校通过说课、试讲等方式决定是否录用的做法，归纳起来有四个特点：人性化的时间安排、无缝隙的接待流程、与众不同的考试形式、高效率的结果公告。

和教学实践能力相比，我同样看重教师的综合素养、沟通与表达能力、合作能力、创新思维。而我选的评委也很特别，是2017级和2018级的教师代表，因为教师有权利来决定他们未来是否愿意和应聘者在一起工作。2018级的孟杨老师经历了评委工作后，庆幸地说："没想到去年我还在求职，今年已然成了评委，真庆幸我是去年入职，不然放到今年，竞争如此激烈，我还不一定能够顺利过关。"

的确，2019年秋季招聘会，学校接收到上千份简历，竞争最激烈的英语教师岗位出现80：1的热门现象。而学校处于发展阶段，每年招聘的教师数在25人左右。这就意味着，大部分应聘者都会被挡在门外。对于岗位已满但表现优秀的应聘者，也只能忍痛割爱。学校会认真分析每一位应聘者的特点，并且提出针对性的建议，甚至劝其打消应聘念头。2018年10月，来了一位冲动型的应聘者，她是杭州某公办学校的优秀在职教师，工作10多年，人生忽然陷入迷茫，既想换个环境工作，又舍不得熟悉的学生。我了解了她的基本情况之后，帮助她做了一个全面分析，并且建议她先不换环境，在原来的单位先改变自己，看看能不能有新的突破，等一年以后，如果还想换个工作环境，到那时再欢迎她。这件事情对她触动很大，也让她对英特小学的人文关怀有了更深刻的认识。缘分不结情谊结，我希望每一位走进校园的新同事，都是真心地喜欢这里，不是为了得到一份工作，而是为了来这里寻找实现最大价值的平台。

这样的招聘，既吸引了黄玲玲、何艳、赵诗蓓、平超男、胡悠等有教学经验的优秀教师，也吸引了朱巧晴、周宇欣、张晨呈、张晓菁等刚走出大学校门的优秀毕业生。他们因英特结缘，在这里开启了新的旅程。

家委会可真不一般

2017年5月，第一届学生的招生工作结束之后，学校成立了临时家委会。当时我面临的棘手问题，一是校舍是否能准时启用，二是校车问题。如果在学校和家长之间没有一个沟通的中转站，那么，在每个人都发出自己的声音的同时，矛盾也会激化。于是，学校招募了家长志愿者，成立了临时家委会。与临时家委会成员屡次座谈，把面临困难的客观原因和主观努力，做详尽解释，得到了临时家委会的理解。然后临时家委会又分组去召集家长协调，信息传达得很及时，沟通也很顺畅。建校初期，当家长对学校还缺乏足够信任的时候，同样的事件和道理，家长出面和家长说，比校方说更容易让家长接受。

2017年9月，学校正式开展了首届家长委员会的选举。程序很公开、透明。先是建立班级家委会，然后班级家委会推荐代表参与年级家委会的选举。选举当天，候选人和教师代表、家长代表正装出席，候选人演讲，评委们打分，最后选出2017级年级家长委员会，家委会成员职责明确，各有分工。

此后，班级、年级、校级的家长委员会，成为学校组织架构的一部分。年级家委会负责与学校协调，并组织管理各个班级的班级家委会。班级家委会成员，除各司其职外，还各自担任小组长，组员是班级里的家长。这样，每一位家长都被纳入这个组织架构里，每一个声音都能及时被听到。

2018级陆睿焓爸爸，是一名律师，也是年级和班级家委会的一员。

每学期初，他会和其他年级家委会成员一起到学校审议学校工作计划；学期结束，听取学校总结报告。年级组如有教师变动或有重要制度出台，他会参与到重大决策论证过程中来。2020年秋季，他的孩子所在的班级更换语文教师，家长们对新接班教师缺少了解，因而产生不信任，不良舆情在班级里传播。他作为班级的家委会主任，主动站出来与教师约谈，了解具体情况，然后把家长们的建议反馈到学校，最后协助我一起召开了班级协商大会，圆满地解决了问题。

2018年1月，应学校之邀约，他率2018级家委会成员和2017级家委会成员开展了手球争霸赛，学生做观众和啦啦队，场面一度火爆。2018年12月，他与其他家长分享了《在权利义务平衡中培养孩子的独立性》的专题讲座。2019年教师节，他作为家委会代表，和我们全体教师共同欢聚庆祝节日。2020年秋天，他参加了家长合唱团，成为核心成员。关于合唱团的故事，我后面会再叙述。2021年春天，他和各年级家委们一起前往龙坞参与家校团建，做游戏、烧烤，玩得像孩子一样开心。2021年秋天，家委们和教师代表到网红民宿打卡，共同体验点茶和插花课程，喝茶聊天，共话教育。

我把家委会成员当成学校组织中的重要成员，请他们参与决策。新学校的发展过程中，一定会出现许多问题，与其藏着掖着，不如坦坦荡荡。做得好的地方，继续努力；不够好的地方，听取批评并及时改正。学校诚恳的态度放在这里，家长们也能感受到并且从心底里产生信任感。

我把家委会成员当作朋友和家人，邀请他们参与校内外的一些活动，让他们近距离感受学校领导与教师之间融洽的氛围，感受到学校教师的蓬勃朝气和满满的正能量，让他们感觉自己就是学校的一部分，从全方位了解学校，毕竟了解是信任的基础。放松状态下的近距离接触，可以听到各自真实的声音，包括批评的声音和质疑的声音。这对我们未来的发展至关重要。

我也把家委会成员当成校外辅导员和校外课程专家。他们分布在各行各业当中，不少都是行业里的精英人士。我们为什么不开放讲堂，让家长走进教室，为孩子上生动一课呢？向家委会发出招募令后，响应者众多。于是，孩子们的课堂上，出现了家长的身影。302班孙瑞语泽家长带来的课是《生活的艺术》。202班田田妈妈是位医务工作者，她和别的家长一起，排演了"心肺复苏"的情景剧，为孩子们上了一堂生命课。端午节到了，106班的妈妈们为孩子们带来了穿针引线制香囊手工课。201 班陈昕阳家长，为孩子们现场制作干冰……家委会不仅调动了全体家长的资源，还调动了家长圈子里的资源，于是，天安门国旗护卫队退役队员给孩子们上示范课来了，泰顺木偶戏也来到了孩子们的面前。

有些人担心，家长频繁来学校，会不会把教育教学细节暴露于公众视野当中。我不担心。我欢迎家长来学校，甚至欢迎他们和我们一起共事。比如，担任食堂监督员。孩子们吃得好不好，是父母最为关心的事情。我把食堂的监督和检查工作，交给家委会落实，家委会安排家长代表参与，家长审核菜单，家长体验食堂餐品，家长定期检查食堂卫生，家长们放心，我们安心。再如，上学护学岗。由家委会组织，家长轮流在校门口和值班教师一起执勤，共同守护孩子们的安全。其他，如艺术节的化妆、美食节的场地布置等，家长们总是能够及时出现在需要他们的地方。家长来学校，对学校也是一种监督，督促我们进一步规范、优化言行，把细节做得更完美。

同时，家委会成员们也需要学习和培训，不断成长。因为，家委会要真正起到家校桥梁的作用，必须真正成为家长群体的理性的代言人。加入家委会，首先，得要热心，愿意为公共事业付出精力。其次，要会倾听，从多方面了解家长群中比较关心的问题。再次，要有平和的情绪和理性的思考，能够甄别哪些问题是需要解决的真问题，哪些问题是信息不对称造成的误读、误会，甚至还要承受可能被家长误解、被老师误解的后果。最后，家委会还要有处理实际问题的能力，不拖延，不冲动。家委会的工作，琐事多，要求高，所以，我们要时时刻刻站在家长的角度，尊重家长，尊重家委会的劳动，让这个组织机构真正在它自己的阵地上发挥作用。

我希望我们的家委会，不是摆设，也不是传声筒，而是真正地、充分地参与学校管理，对学校教育教学工作完全有知情权、评议权、参与权和监督权。同时，家委会成员与学校之间有良好的情感互动，有优质的多维的沟通。

用一句话说，我们的家委会不一般！

历史原来这样书写

对一所新学校来说，年鉴的意义尤为重要。它是沟通"过去"与"未来"的桥梁，连接"已知"与"未知"的枢纽，融合"传承"和"创新"的路径。

于是，2018 年的暑假，我开始启动年鉴的编撰工作。

什么是年鉴？《辞海》中说，年鉴是"汇集截至出版年为止（着重最近一年）的各方面或某一方面的情况、统计等资料的参考书，一般逐年出版"。

为更真实、准确地记录学校历史，探寻其中的发展历程，保存、提炼与升华"英特气质"，也为了让后续入校的新教师能迅速了解学校并融入其中，学校组建了编委会，并通过反复推敲确定了年鉴的几大板块。

第一个板块：整理与回顾。

包括重要事件回顾、重要人物来访、学校荣誉、大事记、总述、概况六个组成部分。在概况部分，还贴心地录入了 2017 级、2018 级全体学生的名单和生日，以及每一位教职工的名字。

每一个人、每一件事都值得被记录下来。从第一张学校建筑施工图到"走进英特·2018·大手牵小手"新校启动仪式，再到学校爱乐课程框架体系完成顶层设计……一张张照片记录着学校发展的历史节点，展示着学校自由开放的从容姿态，传递着热情向上的精神风貌，承载着爱与温暖的精彩故事。

从 2017 年 2 月到英特小学任职，拉开招师招生序幕，到 2018 年 12 月 29 日我们成功举办"走进英特·2019·MINI PLAY"元旦汇演活动。一条历史时间轴串联起学校的发展轨迹，也记录了学校脚踏实地、唯实唯新的做事风格。

编委会人员历时 2 个月用于整理资料，每一张照片都精挑细选；每一份历史资料，都仔细阅读，标注重点；每一位亲临彼时的教师，都讲述了当年的故事，提炼出精神内核。透过一张张照片，一段段文字，我仿佛又看到 2017 年初临时租用的根据地——办公室，看到了办公室里彻夜灯火通明的坚守，看到了首届教职员工的"不退"，看到了学校发展清晰的轨迹。

正是通过这样的整理与回顾，我们每一位教职工都能体会到办学初期的艰辛不易，也能更好地明晰自身责任，笃定信念，踏实前行。

第二个板块：成果与获奖。

包括教师教学片区及以上评比获奖情况、教师校级评比获奖情况、教师公开课情况、学生获奖情况四个部分。

建校初期，学校尚处于起步阶段，教职工人数少，影响力也小，学生只有低年段，要参与区域的各类评比并且获奖，不是一件容易的事情。正因为这样，每一个赢来的奖项都是如此珍贵。常常是一位教师出去参加比赛，整个团队都会上阵帮忙。努力的结果不一定都是胜利，但是失败也不气馁。

尽管奖项有限，级别不高，但是它们被排列在年鉴里显眼的位置。努力发出的再细微的声音，也值得被听见。我们相信，星星之火，可以燎原，今天的小小成绩，必然会给大家带来更多斗志、信心和勇气。

与其说这是成果与获奖的统计，不如说这是一颗火种。

第三个板块：计划与总结。

包括 2017—2018 学年的工作思路、工作总结以及内部文件。这些文件总结了学校的发展状况，过去一年的工作重点、主要成绩以及经验。这样的计划与总结，不应该被沦为"形式主义"的材料，而是应该真正渗透到每一位教师的内心，一起感受英特脉动，直面问题，积极思考解决方案以及规划前行道路。

个人的规划应该与学校的计划与总结紧密联系。从宏观到微观，从团队到个人，做好规划，找准定位，学会自我审视和调整。年鉴这个板块的内容带给教师们很多的思考，文字可以打破时间和空间的格局，呈现缜密的逻辑与思考，告诉我们前行的方向。

第四个板块：宣传与交流。

年鉴的第四个板块"宣传与交流"，包括外媒报道、外出教研两个部分。有句俗话说"初生牛犊不怕虎"，描述的就是这群建设者的勇气。因为是新学校，所以没有任何窠臼，可以在白纸上描画任何想要描画的东西。于是学校的一些创新而又不失温情的做法，引起了媒体的关注。人民网、中新网、钱江晚报、杭州日报……诸多新闻媒体报道了学校的爱心行动、创新之举。"小学期末素质报告单大变脸"一文报道学校的多元评价方式的改革，综合素质报告单用 114 个评价项目来给学生打分，教师和家长能够更清晰地了解孩子的优势和不足，做更有针对性的教育。"班主任每天陪跑帮助孩子减肥的故事"瞬间刷爆朋友圈。为了督促班级同学锻炼身体，养成良好的运动习惯，班主任兼数学教师张任昊每天雷打不动地带小林去操场跑步，一跑就是 20 圈，4000 米……此事件一刊出，立即引发多家媒体转载。

在英特小学，像这样充满正能量的暖心故事数不胜数。"三尺讲台一亩田，种桃种李种春风。"每一位教师都用心对待孩子，用爱浇灌每一个孩子熠熠生辉的未来。媒体宣传是一种聚光灯，通过这样的方式，英特小学的爱与守候可以传递给更多人。

除此之外，我们还很用心地将教师外出学习的经历，也一一清晰地呈现出来。困难再多，也阻挡不了学校为教师们搭建成长与交流平台的决心；困难再大，也阻止不了教师们专业发展路上的脚步。求学的足迹，遍布北京、上海、江苏等地，还与美国、澳大利亚、波兰等国家建立了学习交流联系。

把教师教研的经历记下来，是希望教师无论以后专业素养的"羽翼"如何丰盈，对教育探究的思考如何深入，都不要忘了自己当初为何出发，如何出发。

习近平总书记说："不忘历史才能开辟未来，善于继承才能善于创新。"①建校的两三年，英特小学遇到了无数的困难，也创造了不少的奇迹。走过的每一步路，既写着经验，也写着教训。这段历史，既是学校立校的根基，也是发

---

① 习近平．在纪念孔子诞辰 2565 周年国际学术研讨会暨国际儒学联合会第五届会员大会开幕会上的讲话，2014 年 9 月 24 日．

展的泉眼。

年鉴，不仅仅是以年为单位，记录、汇辑上年度学校教育事业历程的资料，更具有"资政""存史""育人""教化"的作用，具有重要的文化、经济和社会价值。我们都是记录历史的人。年鉴编写工作像是照一面"镜子"，只是这里没有"美颜"和"滤镜"，只有真实的镜头和清秀朴实的妆容。未来繁花似锦，但也荆棘丛生，我们不仅需要修志问道的气魄，还需要一种自我激励的勇气。

关键词总能管一年

新建学校，面临着从无到有的困境，更需要有一种相同的精神流动在每一个人的血脉之中。而且，这种精神，凝练成简短的话语，可以说；化成容易懂的意思，可以传播；能够渗透到每一个活动每一个细节之中，可以落地。

年度关键词就此诞生。

2017 年，建校第一年，我提出的年度关键词是"热情"。

9 月开学，2 月中旬便开始同步启动招师和招生。

站在全新的起点，不知道前方的路在哪里。家长们都用一种怀疑的眼光审视这个新生事物。我需要有一种勇气，能够帮助我和团队成员不惧未来，努力前行。而"热情"，就有这种特质。

因为新校舍尚未具备入学条件，2017 年 9 月，学校借用了少年宫的场地来过渡一学期。没有校舍，没有操场，没有食堂，没有办公室……周一至周五，四个教室归学校，周六周日教室清空还给少年宫。每一个班配一辆手推车，周五放学后整理教材、教具、作业本等，推着手推车存放到临时的校长办公室兼打印室兼仓库内，每周一早上再原样推回到教室。过了一个月，一位年轻的数学老师挺不住了，她说，知道小学老师工作辛苦，没想到那么辛苦。一纸离职申请，然后人就走了。第二个月，一位语文教师挺不住了，也离开了岗位。一个学期后，一位班主任也递交了辞呈，打算去开启新的征程。

不断在变动名单的 24 名教职工和 116 个家庭，该用怎样的热情来挺过这段特殊的时期？

我们决定用热情激发所有人的潜能，用一场迎新盛典向社会呈现学校师生的风貌，公开检阅师生一个学期的成果。

9月始业教育，10月做出决定，11月出台方案，12月彩排，一边正常教学，一边利用零碎时间组织排练。当时有部分家长不理解，担心孩子累着，担心孩子会影响学业。还有人认为我们是疯了，短短一两个月时间，116名一年级学生和24名还不稳定的教职工，居然还要拿出来秀？能排出优秀的节目吗？能有什么长进吗？能有什么好处吗？

只有我知道，在这段时间里，这个演出，就是学校看得见的光。所有人的心都在那里，所有人的劲都在那里。每一个教职工，不像是同事，更像是家人，面对困难，一起笑，一起哭，一起加油。

2018年1月8日，社会公演。每一名教职工、每一名学生都走上了舞台。甚至很多家长也走上了舞台。我客串主持人，教师们跳起了塞尔维亚舞蹈，孩子们十八般武艺样样精通，家长们化身成模特、化妆师……所有的教职工热情昂扬，所有的学生在台上光芒四射，家长们也都开始觉得自己做了一个正确的选择。

掌声响起的那一刻，我知道，热情点亮了未来。

2018年，建校第二年，学校的年度关键词是"沉淀"。

再闪亮的舞台，也有落幕的时候。2018年1月，顺利迁入新校区之后，我开始静下心来思考学校的未来。摆在面前的重要任务是，如何基于实际，对学校进行顶层设计，包括目标的设计、课程的设计等。学校需要准确定位。如果说，2017年我给全校师生定了一个短期目标的话，那么现在，要确立的是学校发展的长期目标。也就是，学校现在在这里，接下来要到哪儿去？

我开始沉淀下来，请教浙江大学刘力教授等专家，组织教师和家长代表展开内部讨论，等"个性化学校建设"这个方向在头脑中逐渐明晰之后，制定英特小学生六年发展目标，包括必备品格和关键能力，构建培养新时代创新人才的爱乐课程体系，开发个性化的多元评价体系。2018年，带着思考，我走得很从容，也走得很充实。

2019年，建校第三年，学校的年度关键词是"匠心"。

顶层设计帮助学校明确了努力的方向。反思现在到未来的距离，路很长，要顺利地走过去，关键在于一支高素质的教师队伍。于是，2018年底，我提出了2019年的关键词"匠心"，希望教师能够用认真细致、追求卓越和极致的态度，不断提升自己的组织管理能力、教育教学能力、交往沟通能力。我希望"匠人匠心"，教师有教师的样子，学校有学校的样子。所以这一年，学校把研究的重点落在课堂上，开展基于核心素养的教学研究，开展个性化教学方法的探索，研究备课的有效策略，关注作业的设计和命题研究……全体教师安静地行走在课堂上，课堂是教师的主阵地。

2020年，建校第四年，学校的年度关键词是"专注"。

2020年的新冠肺炎疫情，带来一场危机。一场危机，就是一次压力测试。教师在疫情中探索在线教学的模式；家长在疫情中体会有效陪伴的重要；孩子在疫情中感悟生命教育的可贵。而我们的祖国更是在疫情中让全世界见识了人民群众的团结与伟大。

在危机中成长，我深深感受到决定教育成败的是人，所以将"专注"作为年度关键词，专注全纳、公平、高质的全人教育；专注深度、聚焦思维、高质量的学科学习；专注合作、分享、解决实际问题的教研文化；专注讲责任、讲效率、讲奉献的团队建设；专注共情、创意、策略为主元素的品牌艺术。

2021年，建校第五年，学校的年度关键词是"赋能"。

团队赋能，在能力圈内做专业；技术赋能，每日创新一点点；质量赋能，以孩子的需求为优先；服务赋能，设身处地理解他人；文化赋能，向世界讲好艾小语好故事……

2022年，建校第六年，学校的年度关键词是"协作"。

教师协作，建构高质量作业体系；师生协作，创设有情趣的校园生活；学科协作，展开有生活价值的学习；家校社协作，开启育人新格局……

年度关键词，就是学校的年度目标和团队精神。它让每一个人聚焦核心，不断突破瓶颈。年度关键词，也是我思考的线索和成长的印记，它让我在思考与实践中聚集能量，不断自我超越。

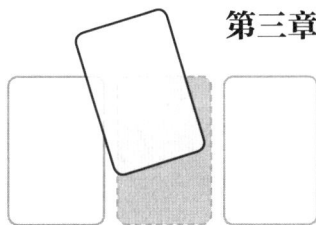

第三章

处处是"漏洞"

CHAPTER 3

不要只看到危机，更要看到危机之中蕴含的机会。

我不知道最终能够完成什么作品，
但我享受其中的过程，
而且，我确信，
在不断尝试、试错的过程中，
我会越做越好。

对不起，谢谢你

2017 年建校初期，我们提出了"中外教融合教育教学"的理念并付诸实施。聘请了一位经验丰富的外籍教师来担任外语教学总监，负责外语教学、外语教师（含外籍教师）团队建设。

外籍教师有多年从教经历，很希望在中国的小学里以母语的方式进行英语教学。从选择教材开始，到设置课程、培训教师，他都亲力亲为。但基于现实情况，2017 年 3 月到 6 月，在沟通上存在的问题还是很明显的。他会因为没有参与某个中方英语教师招聘而大发雷霆，也会因为 4 月提出的培训计划未能得到很好的落实而愤怒，并因此一封长信提出辞职。我跟他解释，他不满意的那位中方英语教师，是 2016 年 12 月招聘进来的，那时候不要说他还未入职，我也还未入职。学校在创业期，一边招生一边招教师，新教师到岗最起码要到 6 月底，如何在 4 月开始就能完整地在学校培训实践？他说得没错，没有经验的新教师需要得到系统培训，但新学校的客观困难摆在那里。他看到了他理想中的教学构想，看不到现实障碍；而我深知现实障碍，却苦于无法让他明白。

开学以后，我尊重他的专业，英语教学都按照他的思路进行。对新生进行学力调研，并且按学力差距分 ABC 班；集体备课，并且严格按照他的思路来准备教案和教具；外籍教师独立带班。尽管我内心深处并不认同对零基础入学的一年级新生实行快慢班教学，也并不完全认同教学出自一个人的头脑而不去凝聚团队的智慧。但既然他是项目负责人，就先尊重他的做法。

一个学期之后，矛盾渐渐显露。表现在教师方面，他更侧重于外籍教师，对中方英语教师的教学方式与能力不太信任，又因性格相对强势，以至于英语组的刚走出校门的几位年轻教师见到他都战战兢兢，不敢违逆，英语组形成了中方和外方互不融合的局面。表现在学生方面，班与班之间、学生与学生之间英语成绩差距越来越大。有一名外籍教师带的小班，评估下来整体水平明显偏弱。英语学科暂时落后的学生越来越多，两极分化相当严重。在金字塔尖的少部分优秀学生的家长自然满意这样的做法，但大部分家长纷纷向我反映，在提倡零基础入学的一年级就实行按英语学习成绩分班教学，对孩子不公平。

我感觉到了问题的严重性，并把我的担心告诉外语教学总监，希望尽快确立明确标准，为每一个学生考虑，并把学习效果反馈给家长；希望能够放权给一线的学科教师，让他们去主动思考。同时出于责任心和危机感，我开始介入了解。我听到了全体中方英语教师对目前工作状态的不满和抱怨，感觉到了他们压抑的情绪和不良的状态。他们希望外语教学总监能够设置学年和学期的教学体系，包括教学目标、教学评估等；能够深入课堂，提出更有针对性的建议；能够给组内教师自主权，不要限制教师因材施教的自由；能够重视整体教学质量的提升，制定更为合理科学的教学方案；能够建设团结合作的团队文化，让每个人的声音都能被听见……

一方面，中方英语教师感觉被强势的外语教学总监管理得喘不过气来；但另一方面，外语教学总监的一些教学创意也赢得了不少家长的拥护。4月初，他委婉地向我表达了想担任副校长的意愿。我跟他解释学校正在开展兼职制管理和淡化职位头衔的探索，不会设置副校长岗位。我能感觉到他的失望，但是我只能抱歉。面对凸显的种种矛盾，我意识到，外语教学总监是一名优秀的外籍教师，但毕竟没有管理和带团队的经验。我们需要时间来慢慢修正和完善。

我开始参与英语组的教研活动，真诚地探讨存在的问题。但是我的介入让外语教学总监感觉不太舒服，可能误以为权力要被收走。2018年4月下旬的一天晚上，他告知部分家长：他可能会被解雇。之前累积的矛盾就此激发。部分家长开始恐慌，甚至在微信大群里直接讨论转学事宜，场面一度失控。当时2017级的家长委员会主任马云（浙江大学教授）深夜给我来电。一夜无眠。

这就是新学校的困境，家长和学校之间尚未建立真正的信任和联结，任何一个小事件都可能引起大的波动。果然，第二天事件就发酵了。小部分家长开始维护外语教学总监，质疑学校。更有好事者将投诉信送到集团领导案头。面对突如其来的指责，我将委屈和压力放在了心底，没有针锋相对，也没有苍白无力的解释，而是带着英语团队去上海、苏州等地走访和调研了一些知名的双语学校，并且结合学校实际情况进行了充分论证。5月20日，我主持召开了"如何更好地促进孩子成长"的座谈会，家长自愿报名参加，重点就是谈英语教学的改革。有24名家长代表报名参与了这次座谈会。

在这次会议上，我肯定了近一年的英语教学中突出的特点：家长喜欢外籍教师；孩子敢于在课上用英语自由地发言；看视频和做小游戏有利于培养孩子对英语的兴趣；自由的氛围下，孩子的口语表现力较强。但也坦诚地陈述了发现的问题：课堂常规无法统一，造成纪律松散；孩子之间存在攀比现象，形成了不良风气，班级的等级和分级阅读书目的等级都是比较的对象；课堂上缺少让孩子静下来学习的机会，比如缺少规范的书写练习；没有以单元或主题来教学的概念，每周的内容之间看不到逻辑性和连贯性；课后作业与课堂内容相关度不高。同时也向家长汇报了调研和走访结果：在教育质量提升上，中方英语教师的作用不可或缺；课程的融合设计和教材的系统学习很重要。英语教研组长带领整个中方英语团队，详细介绍了接下来的改进思路。

虽然会议讨论得很激烈，但是最终大家还是达成了共识。和外语教学总监之间也友好和解，合同期满后没有继续签约。这一场冲突，不存在谁对谁错，每个人都按照自己的理解，站在自己的角度想要把工作做好，只不过因为文化的差异和现实的问题，学校要寻求的是适合学校发展的路径。

经过此事以后，我意识到中外教学的融合需要时间和方法。英语教师姚轶哲成了外教融合项目的负责人，原杭州外国语学校英语教研组组长、浙江省特级教师胡跃波和美籍华人、美国伯克利大学博士孙小琴担任双导师，新的篇章开启了。

不放心，管理怎么办

2017 年和 2018 年，经常会有家长来问，学校的副校长是谁？德育主任、教务主任是谁？仿佛没有一个完整庞大的管理团队，就不是一所好学校，就令他们不放心似的。

不放心的岂止是家长？

有海外留学经历、硕士毕业的许嘉韡是 2017 年 5 月来应聘入职的。入职后的第二个月，我让她代表年级组在首次家长会上发言，到现在我还清晰地记得她当时那种无法置信的表情。勉为其难地接过临时年级组长的棒，一开学就遇上了大事。一位语文教师工作中出了点差错，她觉得作为组长，应该赏罚分明，于是毫不客气地批评了这位教师。这位教师当时情绪很是激动，眼泪汪汪的，过了几天，留下离职信走了。许老师很是内疚，觉得是自己工作简单粗暴，逼走了人家。

这个事件的发生，其实暴露了团队年轻化和兼职制管理需要考量的一个问题：项目负责人如何去带领一个年龄相仿、资历相当的团队？我和许老师探讨，如果是我批评这位教师，她的情绪未必如此激动，因为她对我的能力和资历有信任。但是换了许老师，需要先收起情绪，就事情本身和当事老师做深入剖析，让对方心服口服，这样效果会更好。

许老师眼里揉不得沙子，性子直，看到发展过程中的一些问题，会吐槽，诸如"怎么没有完整的规章制度""怎么没有现成经验可以参照""一个校长带一群年轻人闯关行不行"之类的。而且，遇到有个别学生转学，她会变得沮丧，会归因到上述一些问题中去。时机适宜的时候，我会引导她，新学校发展过程中，一定会出现很多问题。如果把自己当作旁观者和执行者，那么看到的是缺陷；如果把自己当作参与者和建设者，那么看到的就是机遇。一个全新的学校，在建设初期不可能规划好一切，然后完美地指挥大家执行，它需要所有人齐心协力，不断去建设它，完善它。

庆幸的是，许老师成为建设者。不仅开阔了自己的胸襟，而且团结年级组所有成员完成了一个又一个目标。

2018年初夏，浙江省教育厅教研室副主任滕春友率小学各学科教研员来学校调研，那是我第一次对着专家介绍学校的管理变革。学科专家们表示认同。不过交流结束参观校园时，当时的科学教研员（现浙江省教研室副主任）喻伯军提醒我："现在教师比较少，项目制扁平化管理行得通，等教师数量多了，还能不能坚持下去？"

这句话牢牢地印在了我的心头。是啊，以每年20名教师的新增速度，五年以后，就突破100人了。100人的这艘大船，还能继续自动化地航行下去吗？不要说专家担忧，我自己想想也放心不下。

果然，等到2019级教师入职以后，有些问题就慢慢暴露了出来。比如，承担项目工作的，以2017级和2018级教师居多，2019级参与较少。再如，有了前两年的办学基础，学校吸引了个别成熟教师加盟。2019级的20位教师中，有五六位超过十年的教学经历。在磨合期中，成熟教师和年轻教师之间产生了矛盾。年轻教师认为成熟教师难以沟通，不乐意分享；成熟教师认为年轻教师缺少尊重，不给面子。

既然出现了漏洞，就找最合适的方法补上。我开始在项目组中倡导"以老带新"，把后入校的有兴趣、有能力的教师吸引到项目组团队中。同时让后入校的教师在入校前后，有机会听前两批先入校教师讲讲过去的事情。他们没有亲身经历那段从0到1的时光，但听听过来人讲讲遇到的困难以及在克服困难过程中一起扛过的风风雨雨，曾有的误解都释怀了。在周三晚上的教师例会上，我语重心长地说："成熟教师要警惕被过去的经验和认知所束缚，要放空自己，心怀谦卑地接纳新事物；年轻教师要避免将团队胜利归因于自己而引发的自负，要心怀感恩，尊重他人。"

故事总是容易打动人。

2019年初夏，湖州吴兴区校本研修代表团来我校考察，我跟他们分享了"从无到有，从有到优：借学校案例谈团队建设与发展"的主题讲座，听到建校初期创业的故事，有些参训教师感触很深，甚至感动得落下眼泪。我们的经历，是公办学校的领导和教师没有机会经历的；我们的创造，也是他们有想做的冲动却因为种种原因搁浅的。他们佩服我们的勇气。

有缺憾，留给时间吧

李婉君大学毕业入职英特小学，是在2017年。当时学校只有一个年级，只有她一名体育教师，而且学校又是临时借用的场地，所以，当2017年秋季，别的学校都在轰轰烈烈开运动会，在微信朋友圈晒拼搏美照时，我们却在有限的场地里做有限的运动。家长们急了："什么时候教广播操啊？什么时候有正规的运动会啊？"我安慰他们："会有的，会有的！今天缺席的东西，以后加倍补上。"

迁入新校舍后，2018年4月，学校举行了首届春季运动会，并邀请家长全程参与。这次运动会，我们听到了很多批评的声音：入场式没有气势；现场比较混乱；裁判教师没有经验；流程有疏漏……体育项目负责人、主持运动会的李婉君老师绷不住了，直掉眼泪。第一次主办运动会，而且整个体育项目只有她一名专职体育教师，的确有点心有余而力不足。我宽慰她：春季运动会留下的缺憾，秋季运动会补吧，会一届比一届好。

此后，春秋两季运动会，阵容一次比一次强大，组织一次比一次严密，体验一次比一次好。家长们乐了："看来所有的等待都是值得的。"

的确，对一所新学校而言，发展需要过程。

首先，团队的组建需要过程。从办学第二年开始，体育组的教师招聘计划基本上是每年2名。为了让孩子们能够有更多的运动体验，每年我们都会选择不同专项的体育教师，而且不限于师范生。2018年秋季，手球专项的齐老师来学校任教，也把手球这项运动引进了校园，并成为一项普及运动。到第五年，我们的体育教师中，有游泳、排球、乒乓球、羽毛球、跆拳道、啦啦操、田径、橄榄球、足球等专项教师，其中不乏专业教练。每年招新，给队伍带来了活力的同时，也带来了管理和培训的压力。新成员之间需要磨合，因为人数的变化，分工也在不断发生变化。再加上体育组成员中还有一名外籍教师，所以还存在跨文化的融合。好在队伍比较年轻，凝聚力强，大家沟通起来比较顺畅。

其次，学科的规划需要过程。随着年级的增多，体育组对学科特色建设的思考也成熟起来了。这种逐渐思考、逐步完善的过程，对学生和教师而言都是非常有利的。因为在这个过程中，教师会非常主动和有意识地去了解学生的兴趣，而学生也有更多的机会接触到各类体育运动。在双向的尝试中，彼此的体验都是多元的、深刻的。经过几年的相互磨合，以年级专项和运动大队为特色的体育学科模型建构起来了。"年级专项"定位于全年级普及，纳入日常体育课，分别是：一年级手球、二年级足球、三年级游泳、四年级排球、五年级篮球、六年级橄榄球。"运动大队"定位于特长培养，包括游泳队、手球队、田径队、篮球队、足球队、乒乓球队、无线电测向队等，训练时间为每日清晨。美好的一天，在活力四射的运动中开始。

再次，文化的彰显需要过程。2017年，学校将军训纳入体育项目，每年有固定的军训日。在常规的学生运动会的基础上，设置了家长手球赛、家长拔河比赛、教师手球赛、班级联赛等。学校为教师建设室内健身房，网球社团、瑜伽社团、游泳社团等。利用一切可以利用的场地和契机，增强体育意识，培养良好的运动习惯。体育组更是联动班主任，对学生的体质健康和体育爱好特长逐一排摸，建立了"一生一案"。所以在我们的校园里，经常会看到体育老师给学生一对一补课。"健康第一"的文化不仅仅是写在墙上，更是落实在行动中。

体育组的故事，仅仅是学校各个学科组的一个缩影。或者说是学校各板块工作的缩影。我们不像大家熟悉的一些学校那样，组织架构完善，从校长、副校长到德育主任、教务主任、教科主任、总务主任，再到教研组长、年级组长，层级分明，各司其职，下级服从上级，老教师带新教师，以完成任务为要义，一切都井然有序。因此，大家总担心这，担心那……每一次，我总是底气十足地安慰他们：别着急，慢慢来。

因为，我清晰地知道，对一个队伍不断扩大的新组织来说，固定的管理人员越多，越会阻碍前进和创新的步伐。我们全体都是教师，又全体都是"项目制"管理人员。学校的工作不是没人做，而是大家一起做。这种扁平化的管理，激发了教师的潜能和热情，也培养和锻炼了大批年轻教师，更为民主平等的师生关系提供了良好的基础。边实践，边摸索，最后居然探索出适合新时代、新时期，也是经过时间验证的"兼职制"管理新模型。而这种模型，得到了家长的广泛认同，也得到了教育专业人士的高度关注。

新学校成长的过程中，遇到过困难，也遇到过质疑。我总是告诉自己：慢慢来，不着急，我们只要知道自己要往哪里去，要做什么，然后脚踏实地用心做，剩下的，就交给时间。

中途喊停，可以吗

班级管理和建设也是众多项目中的一个，由正副班主任组成的"双人小组"对自己的班级负责，他们面对面坐着，在教室的右后方办公。每一堂课至少两位教师在教室，一位授课，一位协助课堂管理或处理学生突发事件。

从接手班级开始，两位教师就协作负责班级文化建设，包括给班级取名、教室布置、班级公约商定等，大家都想把自己的班级建设得别具特色。

一个班"双人小组"的协作负责还体现在日常班级管理的方方面面。共同组织活动，例如阳光体育活动、升旗仪式、研学活动、年终盛典班级节目排演等；共同管理班级，包括用餐秩序、午间休息、排队放学等；共同进行家校沟通，开展家访、建立学生成长档案；共同关注学生的身心健康成长等等。

苏老师和郭老师共同负责一个班级，已经合作两三个月了，磨合期却总是无限期延长。苏老师大学刚毕业，是正班主任，性子急，说话直，心里藏不住事，有一说一。郭老师是两个孩子的妈妈，副班主任，性子慢，有事闷在心里，遇事不愿主动沟通，认为时间会冲淡一切。两个人彼此都不太能接受对方的处事方式，一开始憋着，终于有一天发生了小口角。年级组长觉得事态严重，超出了她所能处理的范围，及时报告了我。

两个合作者沟通出了问题，解决的时机宜早不宜迟。但怎么谈，需要好好思考。

当天傍晚，我把两位教师请到了洽谈室。开口之前，我给每人一张白纸，让他们背靠背，以书面形式回答三个问题：

1. 我觉得她做得不够好的地方是？

2. 我觉得她做得好的地方是？

3. 如果继续做搭档，我需要改进的是？

10 分钟后，我把她们的问卷回收，然后当着她们俩的面，开始读。

第一个问题，苏老师认为郭老师想法不够明确，有问题不直接解决，消息不共通，反馈不及时，不够主动；郭老师认为苏老师说话比较直接，只看到对方不好的地方，没看到对方努力进步的地方。我问她们俩，是否认同对方的表述，苏老师纠正说其实也有看到对方的努力改进。

在听到彼此认为做得好的地方时，郭老师明显有点意外，因为苏老师居然写了四点，而且都是她之前不曾从苏老师口中听到的表扬。

交流第三个问题时，两人的情绪明显好转，因为每个人都在反思对方提出的问题，并且提出了改进建议。

一张小小的 A4 纸，三个简简单单的问题，默默思考和书写的 10 分钟，化解了一场冲突，也避免了尴尬。我把我的观察告诉了两位老师，说起苏老师开学两个月，时常嘶哑着嗓子的疲惫状态时，郭老师眼里满是认同与心疼。说起郭老师身为两个孩子的母亲，不断平衡工作与生活，努力跟上年轻人节奏的压力时，郭老师忽然感触良多，流下眼泪，而苏老师贴心地递上纸巾。她们俩都说希望重新认识一下对方，然后再试一试是否可以继续合作下去。

这一幕和教师处理学生之间冲突何其相像，或者说也给教师如何温和处理学生之间的冲突提供了借鉴。在倡导全员负责的同时，我首先要看到教师作为普通人的身份，认可真实情绪的存在，然后慢慢引导他们在教师职业中学会理解，学会包容，学会尊重，学会引导，进而培养出成熟的"工作情绪"或者"职业情绪"。

在一个不断壮大、不断有新成员加入的组织里，并不能保证每一个入职的教师都能顺利融入团队或者能够实现良好沟通，那么如何让合作更顺利开展？答案是：给予教师充分的自主选择权。项目组负责人有权选择项目人员，项目人员也有权选择项目组负责人。班主任有权选择副班主任，副班主任也有权选择班主任。这样，大家可以根据实际情况做出选择。在共事过程中出现矛盾与冲突，如果能够协调，就给予彼此重新开始的机会；如果协调无果，就暂停合作，更换工作岗位；如果更换工作岗位仍无法在短时间内做出改变，那么就应当承担后果，即便这样的结果是出局。

刘老师入校已经两年，教学工作尽职尽责，但与班主任陈老师交往起来，像个长不大的男孩子，做事比较主观，有时候未经沟通就擅自行事，也不太能理解合作者委婉的建议。与他合作的陈老师多次沟通无果，经与家长代表、年级组协商后，申请更换副班主任。刘老师也接受批评，平静地与接任者做了交接。

团队成员遇到事情，都能坦诚协商；事实面前，能够理性接受；一有问题，会正视并着手解决，这些也是"兼职制"管理得以顺利实施的重要条件。

"赶鸭子上架"，也行

2018 年 6 月 8 日，对于陈海飞老师来说是一个重要的日子。参加工作还未满一年的她，即将登上小剧场的舞台，在余杭区低段语文教学研讨会上和省级名师共同亮相，并执教公开课。

说实话，承办这个活动的时候，我心里是忐忑的，甚至有过犹豫要不要申请这类活动。2018 年春夏，学校只有一个年级四个班，四位语文教师都是刚走出校门的新手。即便我是语文名师，但我有足够的底气，让一位新手教师迅速成长吗？新手教师也同样胆怯，虽说有志向有冲劲，但真要站在展示台上，差距不是一点点。难道因为各种各样的困难，就放弃了吗？

新学校，新教师，如果不逼自己一把，怎么知道行不行呢？

果然，陈老师第一次试教，教案被全盘否定了，我几乎是手把手地一个环节一个环节帮她修改。我甚至觉得比自己上公开课还卖力。第二次试教，第三次试教……陈老师对自身能不能做好，充满了怀疑，甚至打起了退堂鼓。那段时间，充满了煎熬，再可口的饭菜，估计在陈老师眼里也是没有吸引力的。

新手教师经验不足，但可塑性很强，几番打磨下来，公开课居然也有模有样了。虽然和省级名师同台，显得很稚嫩，但是陈老师在台上的表现，给了年轻的团队足够的信心。

赵尔琪和张任昊，都是 2018 年入职。2019 年 5 月，也就是工作的第二年，在余杭区第一学段教学研讨暨英特西溪外国语学校个性化学习展示活动中，他们俩和特级教师同台，分别执教语文课和数学课。

这次数学课展示，由三个学校的教师同课异构《找规律》。为了寻找突破点，张老师尝试将音乐学科与数学学科相结合，运用他擅长的小提琴和音乐中常用的铃鼓，带领学生在不同学科之中寻找共通的知识点。

对一名新教师来说，站稳讲台就已经很不容易，更何况还要在课堂中融入新的设计。果然，前几次试教都不理想，强烈的挫败感几乎要打败这个阳光男孩，在又一次不满意的试教之后，他居然伤心得落下泪来。我甚至怀疑自己是不是做错了，为他们搭建的平台太高了，给他们的压力太大了。我是在拔苗助长吗？我宽慰张老师，顺其自然即可，能做到什么程度都是好的。但是张老师自己不放过自己，哪个人的成长是不需要经历风雨和磨炼的呢？

功夫不负有心人，张老师的学科融合课得到了专家和听课老师的好评，他自己也从中感受到了成功的乐趣。而当年遭遇"赶鸭子上架"的两位语文教师，四年之后，陈海飞被评为杭州市教坛新秀，赵尔琪参加余杭区优质课评比，获得一等奖。

2017—2022年，五年时间，我们承办了15次区级及以上公开展示活动，执教过区级及以上公开课的50余位年轻教师，几乎每一位都体验过"赶鸭子上架"的滋味。不过有的是被动"赶上架"，有的是主动要求"赶上架"。

赵杨健和邵心如老师，就是在工作的第二年，主动申请在余杭区校本课程展示活动中承担公开课。两位年轻人从小顺风顺水，没经过大的挫折，此次接手这项任务，以为也会没有难度，不料，美好的设想在残酷的现实面前被打击得七零八落。试教课上，每个细节都被放大，很多平时没注意的毛病都暴露出来，比如抢学生话语、重复学生回答、没交代清楚任务等，一稿，两稿……凌晨三点还在修改教案。用他们俩的话说就是"蜕了层皮儿"。

痛苦过，恐惧过，失败过，茫然过，但最终，都一个一个成长起来。

"赶鸭子上架"确实很残酷，但是"逼"出了一群优秀青年。

年轻教师成长得很快，甚至有点成长得太快，让年长的教师不禁生出一些担忧。这几年，学校搭建了太多的平台，几乎是不遗余力地助力教师的专业成长。当机会来得太过于容易，会不会导致年轻教师过于自负，或者导致不正确归因，把成功归因于自己的才华，把失败归因于自己的运气或者机遇。为了解决这个问题可能存在的隐患，我屡次在教职工培训会议上做类似"正确归因"这样的引导，也和一些年轻教师在谈心时有意识地进行疏导，希望年轻教师心怀感恩，能够将个人的成长与为他人服务、为学校发展助力等紧密结合在一起。

如果能够借给他们翅膀，为什么不鼓励他们展翅高飞？高空的风雨，会在未来的日子教会他们谦卑和坚强。如果一双翅膀还不够，那就再给一张飞毯吧，起码得让大家都看看空中的美景，再决定自己要不要努力起飞。

掉队了，我该怎么办

龚农兵老师最近有点烦恼，作为新接手的备课组长，他发现自己拖不动这些组员。最近他们组内正在轮流上教研展示课，但是本该下周执教的付佳丽老师却说自己上不了，场面一度非常尴尬。

是付老师闹小情绪，不配合？不至于呀。她 2018 年入校工作，2019 年 10 月的时候，请假去做个之前预约的手术，临时替班的代课老师无法赢得家长的信任，才上了一天课，家长群里意见颇多。年级组正打算换用组内教师轮流上课的方案，没想到付老师悄悄回了学校，说是跟医生协商了一下，先回学校上班，寒假再过去。看到她坐在办公桌前忙碌，我又心疼又生气，劈头盖脸骂了她一顿。有病应该去治病，身体好了才能更好地工作不是？付老师安安静静地听着，也不辩解，只是小声说："家长群里的信息，我无法视而不见。"这样一位会顾虑家长情绪，会体谅学校难处，个人利益可以靠后的老师，居然会拒绝上教研课？

我把备课组的六位语文教师都约到一起。一起玩个真心话大冒险吧。大家敞开心怀，先站在自己的角度说出自己的困惑和问题，再听听他人的观点，然后还要站在第三者的角度重新审视自己。付老师的真心话也说出来了："不是不想上，不是为难备课组，而是怕自己上不好。"她入校三年了，在几次组内教研活动中，都表现不佳，批评的声音听了一大堆，受挫感极强，以至于对开放课堂产生了恐惧和抵触心理，总觉得自己做不到，做不好。

承认自己不行，这得需要多少勇气！怎么办？如果不趁势推一把，估计付老师今后再也不敢站上公开课的讲台了。那就鼓励她再试一次。这一次，全教研组都要倾力帮她。

五年级组的老师提供了曾经执教过的公开课教案，四年级组的老师和她一起讨论。我也特地去听了她的试教，帮她重新整理了思路。也许是鼓励的声音听多了，付老师慢慢找回了自信，最后，她执教的《精卫填海》课堂呈现非常精彩。付老师成功了，这一次成功的体验对她而言，意义非凡。她不仅获得了教学自信，更品尝到了教学研究的乐趣。

孙慧的故事，也值得一提。

时光回到2020年初，一场新冠肺炎疫情，改变了我们的工作和生活常态。春季无法正常复学，在匆匆忙忙、毫无准备的前提下，2月7日，全体师生开始线上教学。

困难是可想而知的。比如网络卡顿、教具短缺、情感交流缺乏、进度无法统一、教学效果不佳等，大家都是第一次经历，都在摸着石头过河，都在磨合中跌跌撞撞往前走。

根据防疫要求，大家都居家办公，家庭成员之间忽然有了大把的空闲时间或者居家自由支配时间，于是有些家庭便呈现出这样的状态：孩子在上网课，旁边一大家子人都在旁边陪着听课。有些家长还准备好听课笔记，认认真真地把老师的话记录下来。大家庭当中有退休的校长、教师，也有名校毕业的学霸。

听完课，来评课：老师这句话是否合理？PPT上好像有个小错误？这道作业题在难度上是否适合学生？这篇作文为什么写之前没有指导？

孙慧老师就听到了这样质疑的声音。一开始，她也委屈甚至崩溃，刚刚参加工作两年的她，倍感线上教学的压力，知道屏幕后面无数双眼睛都在盯着，每一次上课前，都要反复操练，生怕出错，但越紧张越容易出错。我想，她需要按暂停键了，给她时间和空间，慢慢去释怀：疫情期间居家隔离，人人都会焦虑，虽然自己尚未完全适应在线教学，但错了就要勇于承认，有瑕疵说明自己专业有待提升。

同年级组的老师这时候表现出了强大的凝聚力。她们会和孙老师一起备课，一起审核PPT，一起听孙老师的试讲。而孙老师也大大方方接受了家长们的批评，坦诚地接受了学校教研组和年级组的处理意见，并且开始反思自己的教学。

2020秋天，孙慧老师担任新一年级的班主任，有了全新的起点。她给自己制定了新的学期计划，从自律开始，每天坚持学习与运动；以班级管理为突破口，以课堂为主阵地，沉下心来潜心研究和提升自身的教育教学水平。还发挥自己的专长，加入学校品牌宣传项目组，为学校文化建设助力。

越努力越幸运，因为班级管理有成效，一年后，孙慧老师被评为校优秀班主任、区优秀班主任，学科教学能力也渐长。整个人自信、热情，元气满满。2021年，学校发布全科阅读指导框架设计项目计划后，她主动担纲成为项目负责人，并且组建团队，开始了新的挑战。

暂时掉队了怎么办？如何正确面对批评和挫折，在痛苦中长进？从付佳丽和孙慧的案例中，我们已经得到答案。假如当时的付老师作茧自缚，从此封闭自己，不敢迎难而上，她能像今天这般自信吗？如果当时的孙老师面对家长的批评，心生怨恨，或者难以面对，产生逃避心理，那么今天的她还会是这样一种蓬勃的状态吗？

暂时掉队不可怕，批评的声音不可怕，可怕的是错误的心态和偏执的行为。

换老师，也会引起大风波

203班的傅丹俐老师要回到新一年级任教了。

傅老师年轻、温柔、有耐心，非常受低年级小朋友的喜爱。根据事先考察，接任傅老师的是新入职的教学经验非常丰富的张老师。这是正常的工作部署，一般学校都会在做出决定后通知家长即可。但我没有按照常规思路走，而是为新老教师的交接举办了一场仪式。

时间定在期末，放暑假前。参加交接的有傅老师、张老师、年级组长周月飞老师，以及203班家委会的三位家长代表，还有校长。这样的议程，校长也亲自参加？对，没错，从学校角度讲，这只是一场工作变动，但是对家长、对孩子来说，这是大事。从什么视角看问题，决定了学校会把工作重心放在哪里。整个仪式由周老师主持，即将卸任的傅老师进行教学回顾，即将接任的张老师向家长介绍自己，然后家长代表表达意见以及提出希望，最后校长总结。仪式简短，但是隆重，这既是对曾经任教者的感恩，也是对继任者的尊重，接过交接棒，就是爱心和责任心的传递。

张老师接过接力棒后迅速投入工作，开始入户家访。本以为一切都顺利自然，没想到暑假里发生了变故，张老师家年迈的老人摔伤了腿，需要她留在老家就近照料，新学期肯定无法前来就职。事情来得突然，一场危机出现在眼前。

于是，暑假的某一天，第二场交接仪式开始了。参加交接的除了我、傅老师、张老师、年级组长周老师，以及203班家委会的三位家长代表，还有接替张老师的乔龙伟老师。张老师向家长代表解释了事情变故的原因，乔老师介绍了自己以及未来的规划，我代表学校表达了屡次变动教师的歉意。

因为反应及时，态度坦诚，家长都表示了对此事的理解，愉快地接纳了新的班主任。新老班主任也愉快地做了交接。新学期开始了，孩子们怀念曾经的傅老师，乔老师会带着他们去一年级教室看望傅老师。每次取得成绩，乔老师也会感恩傅老师之前的付出。

每一个班级，只要任教老师发生变动，我们都会举行这样的仪式。教英语的谢老师在我们学校工作两年之后，决定去创业闯荡，在交接班仪式上，学校与家长共同祝愿她未来一切顺利，勇敢实现自己的梦想。

交接班仪式要深入人心，关键是做出最好的安排。比如郑老师在学校工作一年以后因为家庭关系离开了余杭，当时她带的是一年级，一年级的家长就会很焦虑，这时候学校要考虑的就是尽量选择已经在附近安家的教师，保持未来几年的稳定性，让家长没有后顾之忧。英语组的沈老师在工作四年以后也是因为家庭关系不得不离开学校，她的教学班，从一年级带到四年级，与学生、家长都建立了深厚的感情，也赢得了他们的信任。这个时候换老师，家长一定会担心新任老师能否胜任。沈老师自己也不放心。于是她精挑细选了接任者，还在交接仪式前安排了一场教学公开日，让新接任的钱老师上一堂公开课，邀请家长来听，充分感受钱老师的教学风格。家长们听了课，现场感受了教学氛围，觉得能接受这样的变化，于是交接工作就顺理成章完成了。

因为有了换位思考，适当安排，所以，每一次新老教师交接都风平浪静。学校坦诚以待，家长们也能欣然理解，拥抱变化。学校坦诚以待，新老教师之间也不会暗地较劲或者彼此拆台，还会主动协调帮助。

不过交接以后也有"翻船"的时候。

姜老师就是通过交接仪式接的班，她刚生完孩子，又面临新单位、新班级，工作非常努力但效果不明显，情绪就比较紧张，与家长的磨合期也明显拉长了。家长们私下里的一些小意见，捕风捉影地传到她耳朵里，让她更焦虑，但她又性格要强，凡事都压在心里，久而久之，状态就紧绷。我和所有的任课老师陪着她一起开家长沟通会。当她勇敢地面对家长，像对着朋友一般，跟家长坦诚地说出自己这段时间的感受和压力时，我知道她终于打开了心结。明媚的笑容回到了她脸上。

对于一所学校来说，教师的适当流动是常态。关键在于学校如何看待这样的流动，是视之为洪水猛兽，还是视之为新生机遇。如视为洪水猛兽，则每当有教师岗位主动或被动变化，学校领导都会紧张抱怨，感觉有麻烦来临。如视为新生机遇，则一切都是好的安排，只要做好充足的准备，今日的离别都会是明日更好的相聚。

"老马"，也有失蹄时

一天早上，接到一位家长电话，说 10 点左右有事要到办公室找我。10 点左右，两位年近 80 岁的老人到我办公室，我赶紧起身迎接，一问才知道是附近学校的退休老校长，他们是陪着那位家长，一起来找我的，诉求是希望孩子换个班。

换班？据我了解，孩子所在的班级，班主任钟丽春老师是一位成熟教师，经验丰富，而且尽职敬业。究竟发生了什么？

在家长的叙述中，我大致明白了事情的原委：孩子平时比较调皮，容易与同学发生矛盾，在最近一起事件中，教师没有详细了解情况就为事件定了性，家长觉得老师错怪孩子，平时也过于严苛，不太放心让孩子继续在这位班主任门下受业。

当事的家长愤愤不平：教师该有的耐心和包容心在哪里？当事的班主任也满腹委屈：孩子有问题难道不应该批评教育吗？为了让彼此之间的气氛缓和一下，约定两周为限，调查和了解之后再来谈。

这两周里，我和年级组长都没有闲着，兵分两路，和家委会代表聊，和班主任聊，和同年级的任课教师聊，和学生聊。各种信息汇总，无论从哪方面看，钟老师都是一位兢兢业业的好老师。我相信这两周钟老师也没闲着，肯定已经和孩子重新建立亲密、信任的关系。

两周之后，年级组长和当事家长见面，原以为事情一定可以圆满解决，没想到家长的态度没有缓和，对钟老师的看法也没有改变。这是怎么回事呢？

在和钟老师的交流中，我找到了问题症结所在。钟老师太像一个老师了，太较真了，常常把自己紧绷在一个高压状态中，不容许自己出错，更不会轻易寻求同事帮助。这两周，钟老师的确非常关注这个孩子，每天跟他谈心，和孩子相处不错，但仅限于孩子层面，没有和家长正面沟通和保持互动，导致家长误解老师可能心生嫌隙，担心如果继续在这个班级上学会对孩子不利。我问钟老师为什么不主动与家长联系，或者把孩子的近况反馈给家长，钟老师回应：我以为只要努力做就好，不用说出来。

真的只要默默做就好吗？搁在二三十年前，或许可以。我记得自己刚从教的时候，家长把孩子往我面前一领，说："老师，孩子交给您了，不听话的话，要打要骂都随您！"那时候，家长普遍受教育程度不高，教师在他们心中就是一个神圣的存在，教师的话就是权威。可是今天，放眼看去，家长都是高学历群体，知识储备足，眼界开阔，对教育都有自己的见地。每一个家庭，生态都不一样。家长对孩子的关注度很高，关注也很全面。当教师还在专注于如何培养孩子的习惯，如何提升孩子的学科成绩时，有些家长已经在关注"是否被尊重，是否受到公平对待，是否满足孩子个性化需求"等层面。面对越来越多样化和个性化的教育需求，教育的思维模式要改变，我们教师的意识和行为也需要改变。

如果发现家长的教育主张或者诉求，与教师自身的理解不符，就需要有效沟通。有效沟通必须具备两个必要条件：首先，信息发送者清晰地表达信息的内涵，以便信息接收者能确切理解；其次，信息发送者重视信息接收者的反应，并根据其反应及时修正信息的传递，免除不必要的误解，两者缺一不可。放在教师职业，我觉得还需要加上一个条件：信息发送者（教师）发送信息时要考虑接收者（家长或学生）的状态和情绪。

经钟老师同意，我浏览了她与家长之间的信息记录，发现大多数都是教师在告知家长，孩子今天在学校的不太如意的表现，家长的回应基本上是"收到""不好意思"之类。试问：如果家长每天接收到的都是负面信息，怎么会有好心情去思考如何改进？家长也需要肯定和鼓励，同时也需要建设性的意见和方法。

如果我问"优秀教师"的特质，老师们会说"知识渊博""教学技艺高超""教学实绩突出"之类的。我也问过一些孩子，最喜欢的老师是什么样的？孩子们的答案五花八门："爱笑的""温柔的""幽默的""会把我表现好的地方说给妈妈听""能跟我分享小秘密的""会听我说话的"……

"会把我表现好的地方说给妈妈听。"现实是，教师常常会把表现不好的说给家长听，这样，有些孩子在学校里常常听到批评，回到家里又继续听到批评，头顶的天空没有一刻是晴朗的。

"会听我说话。"是不是很容易做到？现实是，"你听我说""我是为你好"。以为孩子什么都不懂，需要教育，却常常忽略孩子的内心世界，其实我们并没有真正走进去过。

孩子们喜欢的，往往是教师容易忽略的。如果有一天，教师表现得不太像"老师"了，去不断拓展"教师"的外延，丰富教师的角色，说不定教育的秘密就揭开了。

钟老师的故事没有结束。周五，阳光明媚的清晨，我走进她的教室。窗外，深秋的叶子黄的、红的，色彩斑斓。阳光照射进来，孩子们的脸庞特别明媚。我看见她满脸愉悦，状态松弛，正俯身和一个孩子聊着什么。看到她清亮的眼神，我知道，她领悟了，也放下了。之后她主动约了家访，和家长有了真正意义上的有效沟通，而且效果很好。我知道，她开始承认自己的"不完美"，而且，对自己和自己所从事的职业，有了全新的思考。

钟老师的故事还没有结束。年级组和班主任工作坊的项目负责人把钟老师的故事写成案例，成为教师研修"沟通力"课程之一，还把"在处理学生问题时如有偏差，敢于承认错误"写入教师公约。

"公约"，永远没有句号

学校有规章制度，厚厚的一本，不过躺在档案室里休息。倒是有一份"公约"，教师人手一册，时常在阅读和对照。只不过这份"公约"有点特殊，不仅内容涉及面广，而且永远写不完，一直在更新。

学校正副班主任的办公桌在教室里。有几位年轻教师早上不易早起，掐着点起床，来不及在食堂吃早饭，就打包一些食物，带到办公桌上用餐。用完餐后，教室里就会充斥一股混合着包子、葱蒜等的奇怪味道，而且很久也散不去。在头脑风暴的时候，有教师就细心地把"不在教室里吃早餐"这一条提出来并且建议加入公约，希望美好的一天，从早饭开始。

2018年，"小红帽"（志愿服务的学生）介入食堂管理，学生代表提出来：学生餐区纪律良好，反而教师餐区动静不小。细细观察，果然，吃饭时间，教师往往三五成群凑在一起，边吃边谈。常常是这边孩子们在安静用餐，那边教师们在交头接耳。中国餐饮文化里渗透着热闹的基因，成人比孩子更难做到"食不言"。在受到"小红帽"批评之后，"食堂取餐就餐与他人保持距离，不交谈"被写入"公约"。

新学校，面临的新问题会比较多，所以有些事情难以决断的时候需要通过不同层次、不同形式的会议来商榷。但是集体会议中，大部分教师喜欢听不喜欢说；有的教师拿着电脑参会时，习惯边听边处理事务造成分心；有的教师不够自信，担心自己的发言得不到认同而保持沉默。"参加会议时不分心，认真聆听，诚实地发表自己的见解"，大家同意此条入"公约"后，会风大变。

说到这里，你会发现，我所说的"教师公约"，不是领导制定出来后自上而下需要大家遵守的，而是教师们自己在实践中提出来并且共同约定执行的，是在发现问题的过程中不断补充修正的。

有一次，一年级语文教研活动。老师转身在黑板上田字格里范写生字的时候，坐在后面的听课教师发现，教师的身体把田字格整个挡住了，所以学生根本看不清书写的过程，听完课之后，"写板书时，身体稍侧，书写端正，确保学生看得清楚"已经成为大家的共识了。

受这一事件启发，学校组建了观察组，专门去挑教师在教育教学中容易忽略的小问题。以下是各观察组的记录：

"以生为本"的理念，虽然常常被挂在嘴上，但离真正记于心、化于行，依然有很大距离。一些容易忽视的细节常常暴露出这方面的问题，比如：课前没有提前到教室做准备，电脑弹出无关广告；课堂上"我给你一分钟时间思考"这样的话语还偶有听见；布置作业的时候很少思考不同学生之间的差异；上课的时候喜欢关注举手的学生，但是安静内向的学生常常被忽视等等。（教学过程观察组）

教师要做到"温和而坚定"确实不容易，易犯的毛病是：在处理孩子之间的冲突时"想当然"，简单处理；常常控制不住因为个别孩子的问题而责备所有孩子；定了规则但执行时看心情，今天从严明天从宽；学科教师之间缺少沟通，各人自扫门前雪等等。（组织管理观察组）

年轻教师没有做父母的体验，站在家长角度"换位思考"显得心有余力不足，容易出现的问题是：在家长面前用其他孩子做比较；一有什么事情就群发信息；孩子出问题只会找家长，无方法引领；过于热情，和家长联系过频过密；把家长志愿者的工作看作理所当然；不能理性地保持与家长的适度距离等。（家长沟通观察组）

结合观察组的发现，"公约"里增加了"课件无错误，背景柔和，字号确保最后一排学生能看清""课堂中采用面批时，不要让学生排长队等候""对一年级新生，手把手教会扫地、整理抽屉等劳动技能""课前要观察学生情绪，点名，并知道缺课者及原因""不要求家长上班期间给孩子送书、美术工具等物品"

等非常细致但又非常有用的内容。既有对易出现问题的纠偏，也有防患于未然的提醒，更有对教师教育教学行为的引领与启迪。

累积四年，蓦然回首，"公约"里居然有了 111 项行为细则。它可以是新教师的行动指南，可以是熟练教师的反思手册，也可以是优秀教师的修炼历程。更重要的是，每一条约定背后都有着独一无二的故事，每一条约定都记录着学校发展的痕迹。

今后这份"公约"还会不断增补修订，它是共享的、共建的、动态的、更新的。

在 2021 年版的《英特未来公约》的扉页上，我提笔写下：

希望我们不仅做好现在，更面向未来。能够看到时代的变化和教育的变革，能不断用新理念、新技术充实自己。同时在变革和提升的洪流中，能够始终坦诚，不忘初心。为未知而教，为未知而学，做好自己，惠及同事，助力学校，造福人类。

一入教育门，就一心一意一辈子。

招生官，流动的秘籍

田雪阳老师整理好办公室的物件，搬到了新的办公地点：招生办。她的信息学科教学工作没有变动，但多了一项工作，即2022级的新任招生官。主要工作是接受家长咨询、登记咨询信息、政策解答以及招生相关工作部署和数据分析。

前任招生官吴敏老师，如今已是2021级新生的数学教师兼班主任。她一入职的第一份工作，就是新任招生官。在一楼的招生办公室，工作了大半年。读到这里，你也许会困惑，招生官，不应该是学校的资深老师或者教学骨干、校级领导来担任吗？这么重要的岗位，怎么可以交给一个新兵？

不错，对学校而言，吴老师是一名新兵。招生官的岗位，最适合锻炼新人。因为岗位重要，从入职的第一天起，她便有着强大的内驱力，努力了解学校文化。招生政策研读，公众号内容回顾，年鉴通读知晓，相关制度文件翻阅，教职工情况熟悉，深入课程教学等都是必修课。对于学校的认知，她和2021级的家长处在同一起跑线上。这使得她在面对家长的疑问和困惑时，能够推己及人，表现出了非凡的耐心和理解。

不过，新兵自然也有新兵的很多困惑。比如家长问到比较深入的问题，或者需要坐下来专业咨询的时候，她就要"搬救兵"了。不过，专业的"后援团"早已准备就绪。这个"后援团"就是全校教职工。她只要在工作群一呼，能够胜任此任务或者解答此问题并且目前空课的老师，会主动回应，代为解决。所以经常有优秀班主任、学科教师等出入招生办。吴老师在边上听多了，素养库里又多了一些储存，为她日后的教育教学工作打下了更为扎实的基础。

"人人都是招生后援团"的口号，从 2017 年就喊了出来。对于民办学校来说，完成招生计划，是学校生存下去的保障。只有将这一份责任，植根在每一名教职工心里，才能推动学校这艘大船平稳地向前行驶。

从 2017 年到现在，招生官年年履新，但是"后援团"一直在。那么，流动的"招生官"，如何才能完美地实现工作交接呢？那要得益于不断翻新的"招生工作秘籍"。

"秘籍"里有详细的工作建议，细到什么程度呢？比如"电话铃响 5 秒即接听"，尊重电话那头家长的咨询感受；"访客来校请到传达室迎接"，考虑到初次来校的客人不熟悉路线，找不到办公室。再如"咨询信息当天回复"，不让咨询的家长久等，即便是晚上 11 时发来的信息，只要阅读到就必回应。

"秘籍"里有最近一年的招生政策和报名流程，有最新的招生简章，有开办到现在每一届新生的来源分析数据图，有家长满意度调查和分析，有幼小衔接方案，还有历届家长热点问题搜集和解答，更有历届招生官的小心得、小建议。

每年 8 月，"秘籍"会修订一次，更新和增补内容。这样，9 月新的招生官上任的时候，就可以无缝对接。

田老师坐进招生办的第一天，最重要的工作就是把厚厚的"秘籍"仔细阅读一遍。然后有不明事项向历任招生官请教。这一年，会是她充满挑战的一年，也会是非常辛苦的一年。工作不分白天黑夜，甚至还要牺牲节假日来回复家长，但是她依然向往这份工作。

招生官岗位"流动"和"固定"各有利弊，关键在于如何取舍。

固定岗位，招生老师工作几年后会积累经验，熟悉流程，但是也容易有固定思维和刻板印象，而且，招生老师一旦离职或者请假，很难有人能接上。流动岗位，招生老师时有不同，虽然要从头做起，但是有热情、有冲劲、有创意，也会有惊喜，当年的招生官如有变动，历届招生官都能迅速跟进。经历过招生的教师，在后续的教育教学中，协调能力、沟通能力都胜人一筹。

我希望我们的教师都能多岗位锻炼，综合素养得到提升，即便不断培养新人需要领导者付出更多精力，可能还会有试错风险，但我依然觉得值得。

谈钱，伤不伤感情

一眨眼，第一年入校的朱芷萱和李玲玲两位英语教师已经在这里工作四个年头了。当年他们高校毕业到民办学校找工作的时候，对民办学校也有过顾虑，除了考虑编制问题外，还有工资体系方面的担忧。民办学校"多劳多得"的理念深入人心，担忧变故之下，薪水骤降："工作实绩不突出怎么办""生病了怎么办""年纪大了怎么办""合同到期了不给续签怎么办""学校形势差了怎么办"……归结到底一句话，公办学校是铁饭碗，天塌下来固定工资也不会少。

如今四年过去了，当年忐忑的小心思早已抛之脑后，工作越做越安心，甚至还努力说服学弟学妹们来加盟这个大家庭。

说是"大家庭"，真没有说错。

新聘教师来到"大家庭"之后，就有一场薪资培训会。负责此项目的马丽老师会向新教师解读薪酬情况，这个薪酬体系是建校初期参考一些公办、民办学校的薪资情况之后拟定的，参考行政事业单位工资制度，但又结合实际融入个性化元素，凸显五个特色。

一是保障足。

薪酬体系采取优秀人才引进的协议工资制与普通教师结构工资制并行。普通教师结构工资主要由四个部分组成：基本工资＋绩效工资＋教育教学考核奖＋福利。基本工资包含岗位工资和薪级工资，按照公办学校核定标准，但又改良了公办学校凭职称晋升工资的做法，加宽了凭实绩也可以晋升工资的通道。绩效工资包含岗位津贴、生活补贴和教工龄补贴，标准与公办学校同，但翻倍提升了班主任的津贴标准。教育教学考核奖包含月考核与期末考核。其中全勤、教学常规、课时、教科研成果等在月考核体现，而教育教学实绩与综合考评等在期末体现。在全勤一项里，病假如何处理，事假如何处理，条目清楚，而且病事假期间均有保障。丰厚的福利，则是我们的专利，现金福利、实物福利，都写得清清楚楚。老师们看到这样透明的薪酬体系，心里有底，对未来也有了信心。

二是差距小。

在一般的做法中，民办学校教师之间工资的差异是比较大的，所以教师之间竞争会比较激烈，功利性会相对突出一些。但是学校在制定薪酬体系时，尽量缩小了差距，让薪酬变得平均一些。原因是什么呢？

首先，所有的教职工都同等重要，只有分工不同，而无轻重之分，教语文、数学和教体育、音乐同样重要，高年级教学和低年级教学同样重要，教学工作和管理工作同样重要，教学一线人员和后勤保障人员同样重要。把所有员工都放在同等重要的位置上，并缩小不同岗位之间的差距，能够增强每一位员工的自信心和责任感。

其次，教育本质上是一种关系，是自己与他人的关系。教师之间薪酬差异大，容易造成人和人之间的恶意竞争和紧张关系。企业用"多劳多得"的绩效管理来使价值最大化，但是教育不是简单的生产产品，而是教师对学生润物细无声的熏陶和浸润。过于用量化指标来衡量教师工作，最终会造成教育短视的弊病。

薪酬差异小一点，并不意味着平均主义，吃大锅饭。而是聚焦团队绩效、倡导互助分享文化，实现共同进步。我认为，良好的心情，是决定教育工作成效的首要条件。

三是关怀细。

对教师的关怀，体现在方方面面，而薪酬体系中体现的福利，则是最直接的。比如，大大小小的节日，都能够有贴心的慰问；为教师定制春夏秋冬质量上乘的工服，既提升了学校团队形象，又省去了"今天穿什么"的烦恼；为签订长期合同的教师提供一定的奖励；为教师免费提供营养丰富的一日三餐；为教师购置书卡，提供免费的社团课程。

每逢节日或活动，送给教师的礼品，我都会亲自挑选。既考虑到年轻教师的喜好，又注重礼物的品牌和质量，让教师们收到的不仅仅是一份令人羡慕的礼物，更是沉甸甸的一份心意。

看到教师的努力和取得的成绩，组织有仪式感的颁奖典礼，送上证书和掌声，还有红包奖励。但同时也对教师的行为规则设置底线，如有违规现象，也会及时罚款。红包和罚款的数目都不大，但是奖惩分明会培养一种实事求是的精神，会实现教师们对优秀团队的期望。

四是弹性强。

相较于公办学校，民办学校的一大优势就是用人机制灵活、工资体系自主。比如在满工作量的前提下，有些工作会以项目制的形式招标，根据任务的时间长短、难易程度，设置不同的薪酬标准，教师可以自主申报，最后根据完成情况进行奖励。这种形式，能够激发教师的积极性，增加同类型工作的创新指数，同时也有利于挖掘每个人的潜能。

五是责任明。

责任是相互的。学校有责任保障教师利益，所以小细节也会考虑到位，比如对超时津贴、加班补贴等都考虑得很周全，在职工医疗保险的基础上为教师购买商业险等等。同样，教师也有责任和学校同舟共济，所以薪酬制度上也会表达共同保障学校权益的意愿和决心。毕竟对一所新学校来说，离可以高枕无忧的日子还太远。危机意识需要时时刻刻铭记在每一个人的心中。

时隔四年，朱老师和李老师已然成了学校年轻的"老员工"。我问她们，学校一直吸引她们的是什么，她们说："因为这里有尊重，有自由。"

对学校员工来说，要不要谈钱，当然要谈，因为这是幸福生活的基础保障。但是跟谈钱相比，这些90后、00后的年轻一代，更为看重的是工作的氛围和价值的体现。毕竟，人人都是主人翁，大家共同创造幸福生活的愿景和行动，是让人热血沸腾的，不是吗？

爱折腾的学校有人爱

CHAPTER 4

对于生长于越来越多元化时代的年轻教师，
管理者必须意识到，让他们有自主的感觉或许更重要。

是一滴汗水，是一片绿茵，

是一群如风如箭的身影，

一种永远不息的活动，

一股强烈的求知欲，

在这里，找到了我最好的样子。

绿皮火车里开会

创办不久的新学校，工作时间不长的新教师，竟然也要出去"支教"送课了。

2019 年暑假前夕，学校收到贵州从江县大融小学的支教邀请，2017 级和 2018 级的 90 后教师开始为这次远行做准备。

有人提议，既然是去山区支教，就要从形式到内容都有满满的诚意，这份诚意不如就从坐绿皮火车开始吧。这个提议被一阵热烈的掌声认可。我望着他们朝气蓬勃的脸庞，内心感动不已：看啊，这就是新时代的年轻教师，尽管他们生长在物质充裕的时代，但是却依然有艰苦朴素的勇气。或者，这群懂事的大孩子，也是为才开办不久、收入捉襟见肘的学校节约开支吧。

绿皮火车速度慢，心境自然也慢下来。20 多个人待在上下三层的普通车厢里，倒是可以深入讨论工作的好时机。提提这两年师生可圈可点的地方，总结总结经验；找找存在的不足，为新学期计划做做打算；想想学校的未来走向，三年后的样子，五年后的样子，十年后的样子……热烈的讨论，引得旁边的乘客不时注目。有一对去贵州疗养的退休教师夫妻，还频频朝我们竖大拇指。

火车上空间狭小。讨论间隙，大伙儿便围在一起玩游戏。和他们待在一起，我也仿佛回到了青年时代。"狼人杀"便是我跟着这群年轻人学会的。游戏中的他们，让我看到了工作中没见识过的优秀特质；他们也通过游戏，让彼此之间战友般的感情更为亲密。

冗长的车程，一点儿都不觉得无趣。下了火车，又上汽车，一路风尘仆仆，来到偏僻的大融小学。穿着白蓝相间 T 恤、平头、质朴的杨校长接待了我们，带我们参观了孩子们每日学习的教室、课间活动的操场、就餐的场所、晚上休息的宿舍。如我所料，条件颇为艰苦。而且在大融小学上学的孩子，最近的是离家6公里，最远的则达20多公里，每年辍学的孩子不少，因此，大融小学的教师一人角色多饰，既教语数英，又教音体美，还担当生活辅导老师。早上7点到校，晚上10点离校，除值班时需在校过夜之外，每年寒暑假也不得空休息，需要走进有辍学想法的孩子家里进行家访，多次上门给孩子和家长做思想工作，请孩子回到学校，回到课堂。家访来回山路几十里，假期就这样一天天过去了。

在我们的央求之下，杨校长领着我们走进归丹寨去家访。进寨子仅一条水泥马路，水泥马路还是前两年修的，寨子里部分路段正在铺设。我们的大巴车换成了小面包车。下车后，仍需步行一段路才能进寨。归丹寨大部分房屋建在半山腰上，因此上下坡均较陡，而且大多是泥泞小路。走惯了大路的我们需手牵手，脚下一步一步试探，或摸着一旁的草木方能前进。狭路还可能相逢牛羊，稍不留神就会踩上牛羊送给我们的"礼物"。

因为家里穷，寨子里的大人们基本上都在外务工，留下老人在家里操持家务，照顾孩子。孩子们没有玩具，没有电脑手机，没有旅行，没有零食等，他们需要在大人外出辛勤劳作时做力所能及甚至超越现有年龄能力的家务活，比如放牛、放羊、照顾弟弟、妹妹、上山砍柴、洗衣、做饭、纺纱、织布、绣花、喂鸡、喂猪等。

我们一户一户地走进孩子们简陋的家，和他们攀谈，陪他们一起吃东西，玩游戏，送礼物给他们。孩子们的笑声爽朗，笑容灿烂，但我们的心却是如此不安。不安的是对他们的关怀停留时间如此短暂，不安的是没有办法切身体会父母不在身旁的孤独，不安的是他们缺乏认知广阔世界的途径。甚至在告别的时候，都无法坦然地对视孩子们依依不舍的目光。

返杭的路上，我发现这些年轻人仿佛一下子长大了。绿皮火车里的座谈会有了新的话题，关于感恩，关于知足，关于奉献，关于大爱，关于教育的意义。一个重要的决定在绿皮火车里产生了，就是尽自己所能，建立爱心帮扶站，去帮助那些需要帮助的孩子。

"躲"起来的研究

2021年秋季，首届的100名学生已经四年级了，将要面临区里统一组织的四年级学生教学质量检测。这是办学以来第一次面对区域性的检阅，他们有底气应战吗？

抽测学科的任课教师中，许嘉韡、陈海飞、黄诗慧、朱芷萱、李玲玲等都是2017年入校的首届教师，她们跟着学校的脚步，一直坚守到现在，校龄就是她们的教龄。她们对这个学校的感情，和我一样深。虽然她们从来没有经历过这样的检阅，但是，她们比任何人都希望能有一个好的结果。

首届学生家长也在默默关注这次检测，当年曾有过的质疑和不放心，虽然随着时间慢慢化解了，但是一群年轻人是否真的能够把孩子的基础打扎实，一个新学校是否能把孩子培养得更优秀，他们期待能有客观的数据真实地呈现。

越是太多人关注的事情，越是要减轻当事人的压力，师生如果绷得太紧，容易造成过重的学习负担。但是轻松卸下压力是做不到的，把压力转化成寻求解决问题的策略，是一个好办法。学期初，四年级学科组开了一个战略会议，对迎接此次抽测的优劣势做了分析，最后定下"以团队教研来弥补个体经验的不足"的战略，通过团队教研，提升课堂效率、作业效率、辅导效率，用提质来换时间和空间，教学实绩要突出，但是不能增加学生的负担。

此后，走过四年级所在楼层，常常看到学科组的老师三三两两聚在研讨室一起研究，大到命题方向，小到一道作业题目的设计，都要仔细推敲一番，力求更具针对性。白天的时间不够，他们会抽出晚上的时间。有时候晚上10点了，研讨室还灯火通明。我牵挂他们的身体，就去赶他们："快回家休息，明天再说。"黄诗慧当时回应我的一句话，我到现在还记得："我们都是初次接触教材，没有什么经验，担心解读教材不到位，把握不准重难点，只能靠笨功夫，多花点时间研究。"

大概是担心我或者其他同事的"干扰"，他们开始躲起来，做地下工作了。晚上不在研讨室了，躲到图书馆去了。周末了，彼此约一下，教研地点有时候在校内，有时候在校外。组内有三位教龄十年及以上的成熟教师，张大丽、王伟和董玉弟，也跟他们一起"疯"。明明应该是有代沟或者彼此竞争的同年级组同学科教师，却团结得像铜墙铁壁一样，彼此信任，互相分享，彼此倾听，吸收众长。所有的人都是自发地聚集在这个核心之中。

看着他们乐此不疲的状态，我相信他们是真的找到研究的乐趣了，同时也更相信这样的教师一定会教出热爱学习的学生。

只问耕耘，莫问收获，但是收获往往不会差。果然，四年级统测成绩揭晓，语文、数学、英语、科学四门学科的抽测成绩，都在区域内名列前茅。学生的基础知识掌握得很扎实，灵活运用能力也很强，真正做到了轻负高质。

第一仗打得漂亮。在分享经验的总结会上，科学老师李志云说："因为心里没有底，所以拼尽全力。"的确，她和杨娜都是教学上的新兵，她们清楚地知道自己的短板在哪里，好在互联网为学习提供了便利。在无数个旁人不知的夜晚，进入疯狂的学习模式，看名师的课例，研究教材和教研文章，不断精进教学设计。为了增强学习体验，每一节科学课都在实验室上课，让学生能够参与动手实践，并对学生分层指导。遇到困难了，你鼓励我，我鼓励你，互帮互助。工作伙伴变得像家人般亲切，就算辛苦也不觉得了。

"心底有爱，眼里有光。"望着这一群可爱的人，我想起了建校初期对家长的承诺，内心倍感欣慰。

主动"挨骂"的教研

时隔三年之后，2021年3月，浙江省教研室的学科专家团队再次来到学校调研。原本定好的形式是和学科教师座谈，没想到临近出发时，斯苗儿老师突然打电话给我说："不听课，来座谈什么？请老师准备一节课。"

我立即通知数学组长黄诗慧，经过他们组内协调，王晓晓老师承担执教任务。只有两小时的准备时间，数学组内气氛瞬间紧张。

由于临时准备，课堂的呈现出现了许多漏洞。"教学设计为什么没有充分考虑学情？""教研课难道就是一场精心准备的表演？""难道没人听课就可以随便上课？""难道日常课的设计就不需要深入思考？""为什么不主动学习优秀课例？""学习了优质的教学资源怎么不灵活运用？"……斯老师毫不客气地声声追问，让在场的所有数学老师沉默不语，难以作答；也让在场的我如坐针毡，感觉额头发热，后背汗津津的。

那一刻，现场气氛有些尴尬。斯老师言辞犀利但又语重心长的话，犹如一颗小石子，在平静的池塘里激起了水花。

送走了斯老师，数学组立刻开展头脑风暴。我问他们："斯老师的批评不留情面，可还听得进去？"他们诚恳点头，并且深刻反思。"其实我们跟学生一样，有时也需要人鞭策，我们可以认真完成工作，保质保量，但是需要占用私人时间的额外工作，尤其是一些可做可不做的事情，往往会忽视，不是我们不想做，不想进步，而是因为没有足够的动力，我们经常在讨论如何提升学生的内驱力，却很少反思自己。"郑兆森写在日记里的思考很真实。

红红脸，出出汗，批评有一点辣味，才能让我们身在其中的人受到触动和警醒。

回顾走过的路，建校初期，年轻团队的教研模式就是每个人轮流上教研课。前期的备课、磨课、上课主要由执教老师负责，后期的听评课数学组的其他老师再参与进来。当时，学校里几乎都是年轻老师，每每轮到谁，谁就要折腾一个星期。虽然辛苦，年轻老师到底还是在磨炼中站稳了讲台。只是，一个人学习、思考、备课的时间毕竟有限，对教学的研究视角相对狭窄，无法更进一步。于是，我建议改成团队轮流。同一个团队的老师必须全程参与到除了上课外的所有环节中，尤其注重团队备课与磨课。听课教师对课的评价更多地从"这个老师课上得怎么样"转变成了"这个团队的课设计得怎么样"。教研课的质量有明显的提升，团队内的研究氛围也逐渐浓厚。这样的教研模式持续了近四年的时间。

直到这一节"临时教研课"的展示，让教师感知到自己正处于闭门造车、成长停滞的困境中，也逐渐意识到教研如果要推动一个集体的进步，就要想办法让教师真正有效地参与进来，不光是对教研课的 40 分钟设计，还要考虑怎么发挥每个人的智慧和推动每个人的成长。因此，教研要推动教师成长，而教师对成长的迫切需求也要推动着教研的变革。

2021 年 3 月 6 日，斯老师来校指导后的第四天，以四年级"鸡兔同笼"一课为切入点，数学组开始了教研变革的第一次尝试，过程持续了 20 余天。

第一个星期，数学组教师查阅和分析了历年各个版本的教材，又在教学之余完成了对《好课燎原》中"鸡兔同笼"专题的学习。他们聚在一起讨论优秀的教师是怎么处理教材、怎么设置教学环节、怎么解决学生的困惑的。第二个星期，对四年级的全体学生进行前测，将结果整理成表格，并将每一位学生的前测结果拍照上传，以方便所有老师查阅详细情况。在充分了解学生已有基础和学习的困难之处后，每位教师结合学生前测情况，再形成自己的教学设计。个人备课完毕，组内教师就坐在一起讨论自己的设计依据和意图。在这个过程中，他们才逐步发现前期的学习和分析如此重要，即便环节设计截然不同，但解决的核心问题却如此一致。在激烈的讨论中，教师们愈发明确这堂课要达成的目标。第三个星期，初步确定了教学设计和执教老师，进行了三次磨课，组内教师分批来听课并给出建议。数学组在磨课中对教学设计不断调整和优化，决定最后的教学设计和相关细节处理。第四个星期，才将这节课以教研课的形式最终呈现出来，由参与的老师们判断课堂是否有效组织、是否达成目标等。

这场为期20多天的教研，数学组内每位教师都参与了学习、备课、磨课、听评课等全过程。对于教师而言，从一场高参与度的教研中汲取的能量可以帮助自己优化接下来的课堂教学，如此才能初步完成一节课带动一个团队成长的目的。

在第一次尝试后，这种模式也得到了学校所有学科教师的认可。4月8日，数学组进行了第二次尝试，由两个团队同备一节课。先确定两位执教教师，再将数学组剩余教师分为两组，每组里都有不同年级、不同教龄的教师，以抽签的形式分配给两位执教教师。两个团队全员投入准备，但互不沟通，直到教研课展示那天再互相听课。团队若想更出彩，必须要对内容的理解更深入，对学情更了解，对环节的设计更巧妙。于是，团队或是设计前测充分了解学情，或是自发学习相关研究成果，或是反复打磨问题与细节。虽然课无法直接迁移，但教师能将设计的思路与方法迁移到自己的日常教学中。最终教研课的展示只是阶段性的结束，其背后的点滴积累才真正助力教师的教学。

后来，在许多的尝试中，教师们逐渐感知到教研的设计更多的是对一个集体如何学习和其中的个体如何成长的设计。而对教研模式不断探索的背后正是教师渴望自我成长、实现职业追求的强烈愿望，也是这份期待推动着教研不断前进与创新。

就在前几天，黄诗慧特地来找我："能不能请斯老师再来一趟，好久没挨她的骂了，甚是想念。"

约个课呗

2017年9月，开学第一周。刚走上工作岗位的新教师就遇上了难题，为什么自己明明很努力却无法管住这帮孩子，而同样的孩子在陈老师的音乐课上却有模有样，乖巧可爱？我拜托陈老师开了一节示范课，新教师听了还不过瘾，可我不能继续命令陈老师开课。于是，我鼓励新教师主动向陈老师发起约课。因为感受到"被需要"，陈老师欣然同意。这种约课的形式，没有行政命令的意味，多了协商、求助和分享，无论是发出邀约者还是接受邀约者，都觉得舒服。

教室的门一旦打开，就关不住了。此后，"约课"就在校内流行开来。

校内约课分两种：一种是教研组定期安排约课，或是由上课教师自行决定展示课堂的内容，或是根据组内主题或者近期教学重难点决定；另一种是校内教师根据需要自行约课，既可以由上课教师发起，也可以由听课教师发起，既可以是优秀教师的示范教学，也可以是新手教师的初次展示。约课的目的有时是为了尝试新的教学设计，有时是为了解决教学中的疑难问题。约课不仅限于同学科的教师之间，还有跨学科的教师之间。教师既可以从同学科约课中学习教学内容的设计和重难点的突破，又可以从跨学科约课中学习教学管理的方式。只要约课双方同意并达成共识，就可以走进对方的课堂。刚入职的体育教师范冉冉，就通过约课的方式听遍了各学科的课。

立足校内的同伴约课，让老师们尝到了甜头。是时候将约课的目光投向校外了。校际约课比校内约课难度稍大，涉及往返交通、时间安排、区域性差异等困难，但这些与教师的专业收获比起来，就不值一提了。

校际约课形式主要是专题教学研讨互动，通过多所学校的同课异构、同主题研究、赛课、教研论坛等形式，立足课堂，积极探索创新教学法，促进教师间相互学习。这样的约课形式促使教师从不同角度相互交流、分析存在的问题，从更高的层面不断验证近一段时间课堂教学目标、教学模式和教学评价的实施效果。

为了让教师获得更专业和精准的指导，我向一批专家发起了"约课"邀请，也邀请专家与学校教师进行约课。这些专家大体可以分为两类：一类是以教学能力见长的专家，包括特级教师、名优教师等；另一类是以教育教学研究见长的专家，包括大学教授、教研员等。如此安排是为教师教学能力和研究能力两条腿走路提供专业支持。这些专家覆盖全年级和全学科，确保每位教师都能被专家约过课。有相当多的老师隔几周就被约课，因为学校固定了一批专家定期来校。专家的定期约课和突击约课各有优势，前者是教师专业持续发展的坚实支持，后者是教师跳出局限和突破自我的有益启发。

专家来约课，教师往往是非常"痛苦"的，这种"痛苦"源自自身教学水平局限与渴望得到成长与认可的迫切追求之间的矛盾。但这种"痛苦"对于年轻教师是极其必要的，如同蜕蛹成蝶的过程伴随着挣扎，教师的成长也要千锤百炼。

与同伴约，与专家约，还与家长约。

每个学期，家长根据我们提供的课表，选择想参与的课程与任课教师直接约课，包括基础性课程和拓展性课程。教师也根据孩子的实际情况，向家长发出约课申请。这样的约课模式以学生发展为核心，充分尊重教师和家长。

"约课"推出以后，教师发生了一些变化。首先，约课让每一位教师都参与到开放教室的行动中来，尤其是一些经验丰富的老教师，因为受到年轻教师的频频约课而感受到了工作的价值感，所有的教师都站在了平等的立场共同创造性教学。其次，约课者往往是带着问题和困惑去听课，是以一个学习者、思考者的身份去听课，以主动的姿态参与，教研活动的质量明显提升。再次，约课在教师、家长之间建立了一种相互分享、相互讨论、相互批评、相互帮助的氛围，用语文顾问闻国强的话说，就是"日常的工作开始有了幸福的模样"。

日本教育专家佐藤学说："要改变一所学校，需要不断开展校内教研活动，让教师们敞开教室的大门，进行相互评论，除此以外，别无他法。"[①]

开放教室，听起来容易，做起来难，原因有三：一是传统的教研活动习惯了整齐划一的安排，往往是确定主题后，年轻教师开课，老教师指导，而开的课也是经过数次试教以后的修改课，而非原生态；二是教室常常被当作教师的私人空间，教师之间互不干涉、彼此戒备的传统影响深远；三是来自教师自我封闭的意识以及害怕暴露自己的弱点和短板，不愿意被别人指手画脚的心理。

而"约课"，让学校在建校之初就打破了教室的墙壁、学科的隔阂，打开了教室的大门。当"约课"成了习惯，慢慢沉淀下来，就形成了协作共享的文化。

---

① 佐藤学，《静悄悄的革命》，李季湄译，教育科学出版社，2014年，第49页。

该出手时就出手

2019 年 9 月，学校拟组队参加上级行政部门组织的朗读与演讲比赛。语文组和二年级组共同承担了这个项目。

两个组的负责人很重视这件事，先在学校内部组织了一个初赛，孙元老师和张老师并列一等奖。但是正式比赛前一周，张老师感冒了。她怕影响团队成绩，主动提出退赛并由初赛获二等奖的李东禹老师代替。李老师没有扭捏推诿，临时上阵，和孙元老师组成临时搭档。因为选手换了，相应的演讲稿风格也要变，可是时间又那么紧。这时，组里的孙老师主动站了出来，说演讲稿归她修改；张老师说班里有位家长是个沙画专家，可以帮助制作沙画背景；曹老师、陈老师等反复试听；何老师陪着孙老师去挑选衣服；赵老师全程陪同参赛……组内的每一个人都把这件事当成自己的事情来做。结果，两位参赛教师也不负众望，获得特等奖的好成绩。全组的人都分享了这份成功的喜悦。

2019 年 9 月，孟杨刚刚在我校开启新工作征程。他的特长是游泳，是我们新招聘的体育教师。看到教育局组织无线电测向竞赛而学校没有教师会指导，他主动请缨接过这项赛事。自己研究比赛规则，参加教练员培训，抽时间与学生一起训练，甚至周六也会陪着他们玩，工夫花下去，居然玩出名堂来，两年之后，捧回了余杭区中小学无线电测向比赛团体一等奖的奖杯，19 名学生均在各单项比赛中获奖。

2019 年 9 月，余瑶瑶已经在学校工作两周年了。她是继陈浩之后入职的第二位员工，也和陈浩一样，同学校一起经历创业的阶段。当时新校筹建工作尚在进行时，需要向物价局报送学费审批材料。这对我和她都是一项全新的工作。借鉴着别人的申报材料，一点一点琢磨。看看不对，我一个指令发过去，所有的数据她又都要重做。摸着石头过河，一点一点修改，最后居然也像模像样地完成了申报材料。新学校即将开学，学校需要建微信公众号，她成了公众号项目的首位负责人，从头开始学习如何排版，如何编辑。对文字工作不在行的她，每天追在教师们的身后，请他们审核和修改文稿。完成推送文案的初稿，常常要到晚上 10 点左右，然后守在电脑前等我审核，直到有修改完毕的回复。当一个人可以将责任心放在第一位，工作就向她打开了大门。

迁入新校区以后，她开始琢磨人事工作，捧着《中华人民共和国劳动法》苦读。档案工作，也是从头学起。从协助编辑《年鉴》开始学起，一直到承担督导考核、迎检等重要档案的整理。一开始不出错是不可能的，但是有错就纠正，批评声音听得进去，成长就快。

综合服务部的工作最是繁杂，光是接收、处理上级文件，每天就需要耗费大量时间。慢慢做久了，她也琢磨出一些经验来，比如把文件名录入表格，注明我批复后的负责人及完成情况，然后每周五整理一次，上级文件的处理工作便少有遗漏。

在入职前，她从未接触过学校工作，但是入职以后，凭努力和勤奋，从头学起，担当起了诸多岗位。在专业要求不是特别精细的时候，好学比经验更重要。

2019 年 9 月，信息教师田雪阳还未入职。可是谁知道一年以后，新入职的这个小丫头居然有胆量成为"杭州市智慧教育示范校"项目申报负责人，从基础建设、办学教学、家校沟通等方面与信息技术的融合做了全面梳理，不仅整理出了报告，还完成了视频脚本，最后捧回了含金量极高的奖牌。而且田老师还是脱口秀的业余爱好者，去脱口秀大赛亮了一回相。

看准年轻人的潜质，大胆启用，是领导者的魄力。而看准时机就勇敢站出来，该出手时就出手，则是新时代年轻人的特质。

"一起流汗"的风景

　　刚招聘入校的几位男教师，正聚在一起讨论，学校附近哪里有健身房。说者无意，听者有心。学校地理位置相对偏僻，周边也没有热闹的街区，如果教师有这个需求，不如在校内建一个健身房吧，说不定能成为吸引男教师入职的点睛之笔。更重要的理由是，我想以健身房作为载体，培养教师的运动习惯，爱运动的教师才能熏陶出爱运动的学生。

　　在集团支持下，健身房很快就"开门营业"了。爱好健身的，没有健身习惯但是心存好奇的，男教师、女教师，中教、外籍教师，下班之后都会往这里跑，相约一起出汗。会的教不会的，讲解器材的使用，纠正不良的姿势。教师们一边做运动，一边交流。我也会经常去光顾，一则看看健身房的利用率，二则正好利用最放松的状态，听老师聊聊工作，聊聊家常，进一步增进了解。这里成了学校教师一个非正式的沟通场所。

　　随着教师队伍的壮大，单单一个健身房，已经满足不了大家的需求，于是瑜伽社团、网球社团、游泳社团就应运而生。有需求的教师主动报名，专业教练集体授课。从周一到周五，下班后的运动课程满满当当。2018级英语教师何亦扬就是瑜伽社团的"模范生"，吃苦耐劳，从不缺课，对待社团课就像对待教学一样严谨。校内有特长的教师还自发组建比较松散的运动俱乐部，比如手球、羽毛球、乒乓球、健美操、跑团等。

　　于是，在英特小学，你会看到，下班以后，教师脱下职业装，换上运动装。从讲台移步运动场，挥汗如雨。运动缓解了工作的压力和焦虑情绪，增强了体魄，培育了特长，也增进了同事之间的友谊。

运动蔚然成风，赛事呼之欲出。

2018 年，举办了首届教职工运动会、羽毛球和乒乓球交流赛。

2019 年，首届教职工手球比赛隆重举行。

手球，是一种起源于欧洲的球类运动。男、女手球分别于 1972 年和 1976 年被列为奥运会比赛项目。每队 7 名运动员，其中 1 名为守门员，另外 6 名为场上队员，分别担当内锋、边锋、中卫的角色。学校建校以后，将手球作为特色运动普及，并申报成为全国手球传统学校。学生都会的特色运动，教师怎能不疯玩一把呢？

5 支队伍上场，分别是语文组、数学组、英语组、艺术组和综合组。小小的一个手球跳跃于老师们手中，在一个个飞抛间传射出无限活力和风采。两个小时的追逐奔跑，教师的热情持续高涨，场下的欢呼声不绝于耳。

2020 年，教师运动会开到了校际圈，融入新鲜的元素，活力四射。几所学校的教师聚在一起，"机智踩气球""背靠背""爱的魔力转圈圈"，有小心的试探，有大胆的突击，有相互的扶持。运动的确让人快乐，让人拥有更强大的毅力和勇气。

"一起流汗"的声音植入了教师的心，教师还把这种习惯转化成了一种教学方法。

张任昊是 2018 年 9 月刚刚入职的数学老师，也是 105 的班主任。班上有个学生叫小林，刚入学时有 80 斤，偏肥胖。10 月初，张老师下定决心陪小林一起跑步。小林一开始抗拒，但架不住张老师的软磨硬泡。一开始，师生一起跑 3 圈、5 圈，后来慢慢增加到 20 圈（每圈 200 米），4000 米的路程大约 40 分钟跑完。一边跑步，张老师一边给小林同学出数学题，因为小林对数学特别感兴趣。边跑边做数学题，分散了注意力，算了 30 多分钟的数学题，小林的 20 圈也坚持下来了。小林的体重，终于慢慢地降下来了。

"一起流汗"的故事不知怎么的，被传播了出去，一时间各大媒体争相转载："杭州有位数学老师还兼职教体育""陪跑班主任"……张老师无意间的爱心举动，让他一不小心成了网红。

　　而同样一不小心的收获是，五年以后，英特小学男教师比例居然超过了30%，这对一所新小学来讲，是多么来之不易。我不知道这里面是否有健身房的功劳，但是爱运动的学校，运气不会差。

　　如果有一种记忆，可以伴随我们一生，"一起流汗"的场景，应该也算是一个吧。

美食燃起人间烟火气

蔡澜曾经说过："吃，是一种生活态度，一种热情，其他的可以消失，但是热情不可以消失。"①

我也认同，热爱美食的人也会热爱生活。

2018年仲夏，体育外籍教师维塞林（Veselin）来办公室找我，提议办一场BBQ。在他的策划下，一场烧烤盛宴开始了。地点选在学校北侧露天通道，教师摇身一变，成为星级生火师、首席烧烤师、专业调酱师，当然还有幸福的吃货。大家喝着饮料，吃着烧烤，谈着工作，聊着人生，不知不觉，夜已深沉。

2020年暑假前夕，学校出台定制的假期修身课，其中有一项"晒美食"。约定8月10日这天，每一位教师都做一两道自己最拿手的菜，发在群内云分享。这天我也早早地准备了上了，豆腐皮卷肉，撒上青绿色的豆子点缀，配汤是桃胶莲子羹，再衬上一束雅致的花。为这道菜取个什么名呢？"豆语桃花"！等我把照片发上去，群里早已经热闹非凡，什么香辣虾尾、芝士焗饭、牛油果沙拉……还有各式米饭和面条的花样变身，琳琅满目，有的还配上了家人们大快朵颐的表情。

2021年3月，年级组项目负责人许嘉韡正在筹备一场厨神争霸赛。活动持续两周，第一个环节是"集思广益定菜肴"，组内教师头脑风暴，为这次厨艺大赛制定菜谱，并设计别出心裁的菜名。第二个环节是"分工协作做佳肴"，教师分头采购菜肴，袁海洋老师直接把家里的海参也贡献出来了。借用了学校

---

① 蔡澜：《蔡澜说美食：学会浅尝二字》，北京时代华文书局，2019年，第172页。

的后厨，洗菜的洗菜，掌勺的掌勺，端盘子的端盘子，既各显神通又分工合作。最后一个环节就是"品读菜名尝佳肴"，来看看每道菜的菜名："红梅卧雪""琴瑟和谐""绿野仙姑""江枫渔火""星月神话""海内知己"……光看菜名，你能猜出这些是什么菜吗？不过把菜名与佳肴搭配起来看，每个人都恍然大悟，既佩服厨艺的高超，又惊叹同伴的智慧。

上得了课堂，下得了厨房。在 2020 年初居家在线教学期间，不少老师还用自制的美食做教学道具。李东禹的数学课，就用自制的三明治带学生学习平均分，课上完了，给家人的一顿简单美味的早餐也做好了。

2021 年夏天，这群爱美食的教师，更是把美食玩出了新高度。他们联手食堂阿姨，化身美食摊主，将各地美食搬到了校园里。

华东美食区：杭州酱鸭、东坡肉、永康肉麦饼、粽子、可乐鸡翅、黄山烧饼……

华中、华南美食区：开封小笼包、桂花糕、榴莲酥、葡式蛋挞……

东北、西北美食区：水饺、肉夹馍、羊肉串、新疆拌面……

海外美食区：寿司、牛排、披萨、炸鸡、薯条……

可爱的老师们，烧烤架搭起来，保温箱用起来，电饭锅开起来，厨师专用衣帽穿起来，手套戴起来，海报张贴起来，吆喝声响起来……

一时间，校园热气腾腾，师生们穿梭于美食长廊，香味弥漫整个校园，乐趣播种在心中。美食的滋味尚在舌尖，他们又和孩子们创作起美食的前世今生小故事……

"一个人做什么，他就有什么。"[1] 教师自己是一个有趣的人，才有可能做有趣的教育。所以，努力工作，快乐生活，包容酸甜苦辣，无惧风霜雨雪，沾一些人间烟火气，又何妨？

---

[1]　爱默生：《爱默生随笔》，蒲隆译，上海译文出版社，2010 年，第 134 页。

厚着脸皮蹭个课

盛夏，骄阳似火。刘大陆和袁海洋老师的心里也如这艳阳一般明亮、快乐。他们俩是校友，又一起到同一个单位工作。今天，他们要联手举办一场特别的展览：教师书画展。一楼宽敞的走廊里，陈列着一些画作，画作稚嫩，但引起许多孩子的围观。因为这些画作的作者是他们熟悉的语文老师、数学老师、英语老师、科学老师等，还有我。我们都是初学者，因为看刘老师画得好，袁老师写得好，便厚着脸皮央求蹭课。于是，他们成立了教师书画社，并利用晚上时间开班授课，欢迎有兴趣的老师来体验。几节课学下来，老师们居然也画得像模像样了。

和别的工作单位不一样，学校里人才汇聚且各有所长。如何发掘人才潜能并且营造相互学习的氛围？我的做法是两句话："大着胆子跨界"和"厚着脸皮蹭教"。

"大着胆子跨界"：不断地尝试新事物，探索和发现自己的潜能。

美术组率先在学科教学中迈出了"美术+"的步子，许子怡、潘仲姣成为首批课程研发者，他们选择的课题是"神奇的树根"和"身边的符号"。

最初的几步，总是痛苦的。许老师和潘老师在前期查阅了大量的资料，做了充分的调研，包括与其他学科老师的交流，对孩子们学情的了解。在教案的形成过程中，也反复与备课团队商讨，但是总也理不出那条清晰的头绪。两位教师一度十分焦虑。

试教，修改，再试教，再修改……慢慢地，思路清晰起来。

许老师执教"神奇的树根"，先是带领孩子们一起参观了校内特设的树根展，借助孩子们已有的生活经验，指出树根的形状特征；紧接着引导学生运用数学学科知识估算树根重量，并调整观察角度来认识树根细节；最后通过科学的推导、语文的拟人对话等方式复活树根，激发学生的表达欲和创作欲，领略树根的自然与神奇，由外而内地提高学生的艺术审美。

潘老师执教的"身边的符号"，从孩子们身边的符号出发，创设情境，引导孩子们捕捉生活中的符号信息，并进行小组讨论、合作解读符号。通过色彩、图形推测符号的含义，通过位置推测符号的作用，帮助孩子们理解相似符号的不同含义。最后，孩子们一起自主设计个性符号并分享、交流想法。在创作兴趣浓厚的氛围下，发展孩子们的形象思维与抽象思维。

一个月的磨课经历，说长不长，说短不短。两位老师都感觉到了疲惫，更感受到了成长。上一堂美术课，对两位教师来说都是驾轻就熟的事情，但开发学科融合课程，这是一个陌生的领域。两位教师熬过了最初的黑暗期，没有打退堂鼓，最终，破茧成蝶，完成了自身的飞跃。

美术组的有益尝试，像小石子在湖面激起了涟漪。

语文组的赵尔琪老师，在《雪地里的小画家》一课中进行有益尝试，以调动孩子多种感官进行学习为教学特色：通过情境激发孩子们朗读的兴趣；通过视觉画面感、音乐节奏感带动孩子们感受课文之美；通过细致的观察，帮助孩子们发现文本表达的奥秘。最后，孩子们在多层次的朗读中感受自然之美。

三年级英语组和科学组攀起了亲戚。在 2020 年上半年因为新冠肺炎疫情只能在线上上课的时候，给孩子们布置了在家里"水培萝卜头"的任务，边观察，边记录，边学习，为孩子们提供了真实的、富有意义的交流语境。英语 +，不仅仅限于科学，还包括美术、数学、地理等。跨学科的课非常受孩子们欢迎，因为它总能给孩子们带来新鲜的体验和多元的思考。音乐组、体育组等也纷纷加入"学科 +"的探索，校内掀起跨学科研究风潮。

学校鼓励教师开展学科融合的教学研究，也为教师搭建四季才艺秀平台。春季举办素养微赛事；夏季举办"跨界为王"的主题展示；秋季举行教师读书分享会，以读书分享为基础，融入演讲、歌舞等才艺。2021 年入职的英语教师赵家怡就是在读书会上冒出来的黑马。她将读书分享变成了一场脱口秀，惊艳四座。

"厚着脸皮蹭教"：精进自己的特长，但是不私藏，主动教别人；承认自己的不完美，但是不"得过且过"，主动向身边的人请教。

2021年9月，工作第二年的音乐教师赵杨健主动承担一年级班主任工作。他把他的办公室挪到了101班的教室里，成了30个孩子的暖心哥哥。班主任工作强度大，难度高，事务琐碎，特别考验一名教师的耐心、智慧和沟通协调能力。赵老师觉得班主任工作对他这个音乐学科的新兵而言是一个全新的挑战。他非常想尝试一下，为了这次尝试，他已经做了半年准备。听优秀教师的课，语文课、数学课、英语课，什么课都听；请教优秀班主任，在后面当跟班，拿着笔记本随时记录感悟……正式上岗班主任一个月后，他赢得了孩子们的喜爱、家长的信任和同事的认可，同时意外收获的还有减重5斤和越来越有劲的工作热情。2022年春天，他又在校园里刮起了一阵"跳操风"，每周一和周三的晚上，他雷打不动在音乐教室跳健身操，其他教师只要有兴趣，随时可以加入。不知道接下来赵老师又会给大家带来怎样的惊喜？

苏霍姆林斯基说："人的内心有一种根深蒂固的需要——总想感到自己是发现者、研究者、探寻者。"[1] 教师只有自己成为有多方面兴趣、要求和愿望的人，才能为满足孩子这份根深蒂固的需要而工作。

---

[1] 苏霍姆林斯基：《苏霍姆林斯基选集（五卷本）》第2卷，蔡汀、王义高、祖晶主编，教育科学出版社，2001年，第611页。

"修行"的路没有终点

一个三年级男生，中午约我在长廊里聊天，跟我说他最爱吃的菜、最近的小目标，以及对志愿者工作的几个小建议。在这 20 分钟里，我是他的忠实听众。

2021 年入校的音乐教师刘俊君最近跨学科申报了地方课程录像课拍摄项目，但是几易其稿，没有特别好的思路，于是求助于我。这两天，我是课程设计的协作者。

小杰的妈妈在家庭教育中遇到问题了，来跟我约时间咨询。下午的一小时，我是专业咨询师。只要有需要，任何一位家长都可以在班级钉钉群里找到我。

教师与家长之间有矛盾了，我是调解师；新手教师遇到困惑了，我是指导员；遇到突发状况了，我是救火员；学生有心事了，我是知心姐姐……

在民办学校的这几年，身边的教师觉得我像个"带头大姐"，无论是工作还是生活，都能影响或者指引他们朝着精进的道路不断前行。家长们则亲切地称呼我"我们的大家长"，能够让他们放心和安心。在我看来，我觉得自己更像个修行者，不断地去探索教育管理的本质，不断地去研究不同类型学校、不同阶段学校对管理者的要求并且不断践行、修正。

开办初期，我的修行是"三要"。

一要放得下面子。

无论之前你曾经多么辉煌，或者领导过成熟学校甚至名牌学校，但此刻，你就站在全新的起跑线上。曾经的光环仅仅是让别人知道你曾经是谁，但丝毫不会决定他们对你要做的事情的判断。当一所学校从零开始，没有团队，没有参照物，你只能给来咨询的家长画一个香甜的"饼"，而这个"饼"究竟味道如何，连你自己也没有尝过。这个时候，怀疑、审视、诘问甚至指责，都会像一支支箭一样射到你身上。你无法躲，无法生气。在2017年春季招生的时候，我遇到过连续来咨询好几天，每次一谈就是好几个钟头，所有问题都要得到答复的专业型的家长，也遇到过因为顾虑新校舍不但自己退出学额还带动几十人一起撤退的有号召力的家长。我只有放下面子，才能真实地回应这一切；只有放下面子，才能坦然地接受批评和质疑，并将一切的批评和质疑当作动力。

二要弯得下身子。

弯下身子，意味着尊重。不少家长城区有学区房，凭什么选择城西的民办学校？他们是希望得到更适合的、更个性化的教育。尊重家长，就是融入家长情境：从家长的角度去想事情，从家长利益的观点去做沟通，替他们思考可以经营的空间，可能会遭遇的风险，下一步会遇到的问题。尊重孩子，就是能蹲下来听他们说话，知他们所知，想他们所想，急他们所难，解他们所忧。立起身做人，弯下身做事，让我们变得谦卑，变得平和，变得包容。而好的教育不正是需要这样的特质吗？

三要沉得住气。

2017年2月，招生办公室只有校长一人，3月、4月，最繁忙的两个月，办公室也只有四人。办公室很简陋，还是借用的，但我的笑容很诚挚，信念很坚定。对每一位来咨询的家长，不厌其烦地解答任何问题，常常是喉咙嘶哑的状态。很多时候，我们解答了所有疑问，家长还是义无反顾地走了，说毕竟是新学校，还有待于时间的考验。这样的情况很多，我也不气馁。因为我心里有一张蓝图，对未来如何走，有清晰的思路和坚定的信心。正是这样的信心和真诚，感动了家长。首届招生圆满结束。

当最初的困境过去，当师生顺利来到校园，教学秩序井然，如何在一两年时间内迅速在社会上建立良好的口碑？这个时候，修行需要"三有"。

一有正直。

当所有的一切都还是梦想的时候，一支团队凭什么愿意追随你，和你一起奋斗？那是信任的力量。而正直，是信任的基础。正直，就是公正无私，刚正坦率。正直，意味着有能力、有勇气去坚持自己的信念。正直，必须把灵魂的高尚和精神的明智结合在一起。所以，正直的人必自知、坦诚、成熟。当什么成果都还看不见的时候，校长的品格，就是跟随者最佳的选择。

二有热情和勇气。

对人生充满热情的人，必然积极乐观；对工作充满热情的人，必然敬业、专注；对理想充满热情的人，必然纯粹、坚毅；对团队充满热情的人，必然有感染力和领导力。一个充满热情的校长，能给师生带来希望和鼓舞，同时自己也能乐在其中。充满热情的人也必定是有勇气的人。即便千难万险，也阻挡不了前进的脚步。"热情"的品质，既内隐于心，也外显于灿烂的笑容、坚定的眼神、富有感染力的话语和逻辑性强的文字中。创业时期，端着架子的一定不是好校长，风趣睿智、激情四射、充满人格魅力的人，才能做好领头人。

三有指引性的愿景。

校长必须十分清楚自己想办一所怎样的学校，在遇到挫折甚至是失败时坚持下去的优势是什么，五年后，这所学校会长成什么样，十年后，这所学校会长成什么样，三十年后……当你想到未来学校的样子，你眼前有一个清晰的画面，你自己可以看到，听到，如同看电影般清晰的画面，那个就是你的愿景。你有了清晰的愿景，就知道自己要带着团队往哪里去和为什么要去。而这个清晰的愿景，也会给团队成员以希望和指引。

如果教师和家长敬佩校长的品格，相信校长对未来的愿景，并且被校长的热情和勇气感染着，鼓励着，那么，稳定而良好的局面就出现了……

教育是一种修行，管理是一种修行，没有终点，但任何时候都可以是起点，而且永远在路上。

第五章

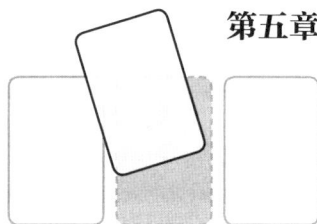

凭空生出个小书童

CHAPTER 5

虚拟的校园人物"艾小语"，
既是学习的陪伴者，也是创造力的助推者。

我喜欢"艾小语"，
它是不可或缺的童年伙伴，
也是刻骨铭心的成长印记。
我想，当我老了，忆小学生活，
依然会记得它的模样和我们的故事。

无中生有"艾小语"

2017 年 9 月 1 日，首届学生开学典礼。全新的学校，全新的教师，全新的一年级学生，一切都是新的起点。

因为只有一个年级，家长就有些担心："没有其他年级小伙伴的陪伴，我们的孩子会不会感到孤单？"

孤单？转念间，一个想法油然而生：没有现实中的伙伴，不如塑造一个虚拟的校园伙伴。

取个什么名字呢？

我对着春季招生简章，陷入了沉思。学校定位"外语特长、综合素质全面"；"语言与文化"是课程体系中的重要一环，"沟通力""表达力"也是未来生活的重要素养。学校的工作宗旨是"工作是爱的行动"。融入"爱"与"语"的元素，不如就叫"爱小语"吧，"爱"取谐音"艾"，作为姓，还与艾草生命力强大、自由生长、不惧苦难的形象相契合。

既然是虚拟人物，而且作为全体学生的伙伴，性别需要淡化，年纪也可以一直定格在童年。但是品格和能力必须超群，也就是让它承载着优秀英特儿童的优秀品质，既成为大家的榜样，也让我们想明白"培养什么样的人"这个重要问题。

这可不是随随便便就可以罗列出来的。学校召开了各个层次的座谈会，还邀请浙江大学刘力教授前来一起参与论证。最终，具有英特气质的"艾小语"的形象鲜明了起来。

它是自信的志向者。自信地去应对各种环境变化，爱笑，目标明确并且积极行动。

它是自主的研学者。遇事有主见，对自己的行为负责，随时随地主动学习，对探究新事物乐此不疲。

它是个性的发展者。个性鲜明，对问题有独到见解，面对困难有毅力、有勇气。

它是热情的奉献者。热烈、积极、主动、友好，关心周围事物环境，融入集体乐于助人，用爱联结周围的一切。

艾小语还有四种重要的能力：尚德与社会合作能力，博学与科技创新能力，健康与自然生存能力，语言与国际理解能力。

它尊重自己，在自律中磨炼自信；尊重他人，在交往中提升德行。

它善于学习，不断扩展学习视野；乐于探究，具备创新实践能力。

它热爱运动，有良好的锻炼习惯；珍爱生命，有积极的生活态度。

它尊重差异，蕴含全球整体意识；掌握语言，能参与跨文化交流。

……

这样的艾小语，一定能赢得孩子们的称赞了。不过这样的艾小语，也是经历种种困难以后才逐渐成长的。孩子们要经历的学习生活，它也照样经历；孩子们会遇到的困难与挫折，它也少不了。只不过，它凭着勇敢与智慧，一路升级。带点真实又带点英雄色彩，这样的艾小语，是不是更受小朋友喜欢？

"组团"变出故事来

通过故事让孩子认识艾小语，是一种好方法。

我先开笔写了第一篇：

准确地说，艾小语成为一年级新生已经足足两周了……

话说回来，大大咧咧的艾小语还是蛮喜欢现在这个学校的。老师们都很爱笑，特别是班主任老师，笑起来还有一对酒窝。小语班上，有一位男同学叫文文，个子不高，脸圆圆的，两个酒窝也特别深。同学们私下里叫班主任"大酒窝"，叫文文"小酒窝"。不过，这样的事情，班主任肯定是不知道的。

热热闹闹过了两个星期，艾小语的表现，那叫一日一个长进。爸爸每天来接它的时候，两眼都笑成一条缝。老师的表扬、父母的夸赞虽然让艾小语有点飘飘然，不过小语可不是个没谱的孩子，它知道，自己有个短板。什么短板呢？写字。

……

借"艾小语"的形象，记录孩子在小学校园里的成长故事，看英特气质如何在艾小语身上慢慢发光发亮。

语文老师觉得有趣，便加入到创作队伍中来，接龙写。

陈老师写：

小语的识字量很丰富，它时常会自己翻到《经典诵读》中某一页，然后兴致勃勃地开始朗读。这些诗的意思，其实它一点儿也不懂。但是不懂有什么关系呢？它喜欢用自己的舌尖和牙齿相碰朗读这些文字的感觉，很有节奏和韵味。读得多了，看见诗歌就像看见好朋友一样亲切，每一次朗读，就像跟自己的伙伴在对话。

小语的声音在整个班级的上空环绕，它的同桌、它的组员、它的同学都被它的热情所感染。这一天清晨，班级里的每个同学都精神抖擞，响亮而清脆的朗读声像一串灵动的音符在教室的上空跳动。"白日不到处，青春恰自来。苔花如米小，也学牡丹开。"从教室门口经过的老师也禁不住往里面瞧两眼，露出赞许的目光。

陈老师写完黄老师接着写：

到今天为止，艾小语在这个学校里学习生活快一个月了。这里的一切还是那么新奇、有趣，因为每天学习的知识都是不一样的，每天都能认识新的朋友。这不，今天它就在学校开设的象棋兴趣班里结识了一位新朋友，它叫小智，是其他班的小朋友。小智胖乎乎的，笑起来有一颗小虎牙。第一次上课，小智忘记带象棋，小语马上走过去主动跟小智坐在一起，结成学习伙伴。

素材来源于孩子们在校园场景中各类有趣又不失教育意义的小片段，从孩子们的视角展示学校生活的方方面面。

两个月以后，其他学科的老师也参与了进来，为"艾小语上学记"创造了不同场景下的学习故事。体育教师范冉冉连文言文也用起来了：

艾小语，何许人也？小语入校，人人皆知。稚子尚幼，清纯天真，每日着蓝衣，令师长同学印象颇深。

师长云：小语小语，语数英科，皆无所惧，常名列前茅，小伙伴们望尘莫及。唯有一科，反令小语惧之。体育要求严苛，小语缺乏运动，关节或肌肉软如豆腐！时间推逝，因鸡腿汉堡常伴左右，小语肚皮又圆又滚。伙伴闻之，笑曰："子肥如是，学而善何用？"遂以胖，父母、师长，乃至小语皆急也。

英特校园，有一善跑跳之杭姓师。老师闻之小语，心中一乐：帮扶该子，文明其精神，野蛮其体魄，乃吾之责任也。而论减肥之工具，唯跳绳第一，其小巧轻便，不论家中校园，皆可用之以强健身体。

一日，杭师截拦小语，与之言肥之害，劝其每日跳绳减重。小语痛苦，汗流浃背完成当日任务。

第二日，杭师又遇稚子，告之："每日跳绳五百，汝在校在家皆可成，且待汝每日达标后，会赠尔跳绳英特币一枚，十枚后汝可与师以币换物。"小语听闻，大喜，忘却流汗之苦，蹦蹦跳跳将其行之。

一日复一日，小语跳绳一月有余。以英特币与师易诸多文具。同窗好友佩服其坚持，父母欣喜其健康。旧时肚皮圆滚，如今体态轻盈，蓝色外衣修饰其身，众人皆呼："语神，语神！"

借由这些故事，艾小语在学生中的名气越来越大，甚至连家长都关注到了这个奇趣可爱的校园虚拟人物，并且加入到连载故事的创作队伍中来。

艾小语的故事从校园场景拓宽到生活场景：

周末的一天，小语和爸爸妈妈在家里吃着午饭，妈妈看到小语居然在吃平时不太喜欢的莴笋，诧异地说："小语现在不挑食啦！连莴笋都爱吃了。"小语放下碗筷，睁着大大的眼睛，认真地说："在学校里和同学一起开动吃饭的感觉特别好，吃起来也特别香，莴笋还是很好吃的。"妈妈纳闷了，连忙问："一起开动？"原来小语和同学们在吃饭之前都要行餐前礼仪，因为一些老师和工作人员帮忙分饭，作为小学生应该对他们的工作表示感谢，于是每次用餐前，都会传来孩子们爽朗的声音："谢谢老师，大家请用餐！"然后一起动筷吃饭，此时觉得满足又幸福。爸爸听后赶忙问："那咱家是不是也得做个餐前礼仪，感谢妈在厨房为我们做了一桌佳肴呢？"小语眯着眼，酒窝又现，和爸爸站了起来，一同说道："谢谢妈妈，请用餐！"

……

有了老师、家长、学生的共同加入，艾小语的故事越来越多，艾小语的形象也越来越饱满。它无处可寻，但又无处不在，如忠实的书童一般时时刻刻陪伴在孩子们身边。

艾小语走进了师生、家长的心里。

有模有样小书童

2018 年初，走廊上遇见几位小同学，他们问起，艾小语长啥样啊？

是呀，艾小语长啥样？谁也没有见过，谁也不知道。但我知道，是时候给艾小语设计一个形象了。

毕业于中国美术学院动漫设计专业，刚刚到学校来入职的美术教师阮立听说了这件事，主动请缨。他阅读了艾小语的故事，采访了师生代表，和孩子们一起，先后画出了八稿"艾小语"平面形象图，有卡通形象，也有人物形象。

八幅画稿放在我的案头，等着我定夺。可我怎么能擅自定夺呢？这是孩子们的伙伴，应该由孩子们决定，当然，家长们也有权参与进来。

阳春三月，艾小语形象评选大会开始了。全体学生、全体家长、全体老师齐聚在报告厅，由师生代表一一呈现每一幅画稿的内容和背后的意义，然后家长和老师采用线上投票，孩子们使用纸质投票。

投票结果出来了！有三款形象的票数非常接近，其中有两款是家长选择人数较多的形象，一款是学生选择人数较多的形象。为了尊重学校里的"小主人"们的意见，这款从云朵里落下的雨滴精灵，最终成了我们的"艾小语"。

艾小语

孩子们说，喜欢这一款雨滴精灵的形象，云朵的帽子，两只小手，还有微笑的样子，又可爱又亲切。

老师们说，"语"谐音为"雨"，如杜甫《春夜喜雨》所言，"随风潜入夜，润物细无声"，好的教育不正像春雨一般默默滋润学生心田吗？选得好，选得好！

家长们说，"艾小语"这款形象看起来像"小鱼"，鱼跟雁一样，在古代是书信的代名词，寓意美好，也是精神自由的象征。

就这样，艾小语的形象出现在了开学手册上，出现在了印章里，出现在了孩子们的作业本上。

美学家宗白华曾说："借着图画、雕刻的作用，扣留下来，使它普遍化、永久化。"[①]2018年4月，我们滋生了要把艾小语凝固成校园雕塑的想法。

在设计雕塑时，雨滴形状的艾小语需有足够的触地面积，因此为其设计了一个书本底座。书本的色彩设计与校园导视系统的颜色搭配相呼应，以经典的红蓝色调打底，强化雕塑与校园的统一感。底座共五本书，分别是《论语》《爱的教育》《西游记》《爱丽丝梦游仙境》《上下五千年》。书目的选择切合了"古今中外"四字的内涵。

为了将建成后的雕塑摆放至最适合的位置，我们考察了校内各个地点，包括校园正门、操场、主席台、教学楼门口等多个位置。最终还是决定将其摆放在校园三大主楼的交汇处，同时也是教学楼的门口，确保师生每天都能在上学、上课路上观看到。

2018年9月，艾小语雕塑建成。而这一处也成了师生、家长、来宾们最爱的拍照打卡地。

---

① 宗白华：《美学散步》，上海人民出版社，1981年，第270页。

谁说的话最管用

2018 年秋季，2018 级的新生入学了！

开学第一天的始业教育有点特别，不是听老师给他们上课，而是观看动画片。观看动画片哎，孩子们欢呼雀跃。

今天观看的是第一集《开心安全上学去》。"嗨，大家好，我是艾小语。"艾小语圆滚滚的身子出现在屏幕上，孩子们都跟它问好，因为他们早就在入学手册和新生礼物中认识这位可爱的伙伴了。

一集动画片时间不长，1~3 分钟，第一集的主要内容是"按时起床，自己穿好衣服，背上书包准时出发去上学，不迟到不早退，看见老师、保安叔叔、同学时，主动问声好，微笑有礼"等。

动画片的教育效果不错。小王同学之前有早上磨磨蹭蹭不肯起床的习惯，看了动画片，居然回家要求妈妈给她设置闹钟，说艾小语的话一定要听，不然它不肯跟自己做好朋友了。

看看我们新生始业教育系列的动画片剧集：

琅琅书声早读时

专注凝神上课啦——课前准备

专注凝神上课啦——上课

专注凝神上课啦——回答问题

专注凝神上课啦——写字姿势

快乐文明课间玩——下课后的好习惯 1

快乐文明课间玩——下课后的好习惯 2

安静幸福享美食

……

艾小语系列动画又好看又实用，上学放学、教室上课、食堂用餐等要注意的要点都涵盖在里面，新生一入学就能够以最快的速度适应在学校的衣食住行与学习生活。

首次有这个想法，是源于幼升小教育中最基础的衔接教育需要。在迎接即将入学的来自各个幼儿园的新生之前，学校设计了一套又一套幼升小衔接教育方案。在斟酌方案时，想到可以结合艾小语连载故事，以微课的形式为学生第一次接触小学课堂打开兴趣大门。在实际制作微课视频后，又想到了不如以更流畅连贯的动漫方式，为学生展现小学生活的方方面面。

设想得到大家一致认可之后，学校开始组建团队准备制作动画。而动画制作需要视频脚本、漫画角色、动画风格、分镜、配音、时长等各类准备。考虑到微课本身的时间限制以及学生观看视频对视力的影响等相关因素，微课视频的时长限制在 1~3 分钟。视频脚本的主题以及文字撰写工作则由当时刚入职不久的赵尔琪牵头与教师团队共同合作完成。以下片段就节选自《快乐文明课间玩——下课后的好习惯 1》的脚本：

下课啦，在和老师说过再见之后，我们要先把铅笔收入笔袋中，把书本整齐地收进抽屉里，同时我们要拿出下一节课的书本，放到桌子的左上角，保持桌面整洁为下一节课做好准备。离开自己的座位时，小朋友们可别忘了用双手轻轻地把椅子推到桌子下。做完这些，我们就可以和小伙伴们一起去课间活动啦！

有了主题及相关素材，我们最终需要决定的就是动画风格。2018 级新生方铭烁家长听说了这件事，主动提出合作完成动画的设计工作。在家长的专业建议下，为了使动画更具有观赏性，我们选择了 MG 动画的形式。MG 全称为 Motion Graphics，它是一种融合了动画电影与图形设计的语言，基于时间流动而设计形成的视觉表现形式，具备了极强的包容性，能够与多元化的设计艺术风格进行混搭。正是由于 MG 动画独有的多变性和灵动性的特点，能够使短片更具有感染力与趣味性。

　　始业教育系列的动画片以每周两集的速度更新，一个月后，《艾小语上学记》中的故事，也进入了脚本制作阶段。

抢着来当设计师

2019 年春天，学校决定设计一款艾小语笔记本，作为孩子们的六一儿童节礼物。

商家提供了几款笔记本的样本，都没有找到合意的。选了一个周末，我去杭城的几家知名书店去转了转，还真是有所发现，一款简明质朴的笔记本的设计，击中了我的心。我带着样本，交给负责此事的马丽和新聘刚到岗的美术教师魏敏华。总设计思路为笔记本一套两本，分别取名《英特·影》《西溪·梦》。《英特·影》内页插图为当时一、二年级摄影社团的作品，《西溪·梦》内页插图为孩子们的美术作品。魏老师还精心为每一帧作品配了富有童趣的诗和话。用纸的颜色和质地，我都亲自挑选定稿。

2019 年 5 月 31 日，孩子们收到了儿童节的神秘礼物。看到自己或同伴的作品被刊登，看到艾小语的熟悉头像，他们高兴坏了。还有的小朋友说，这笔记本太珍贵了，舍不得用，得珍藏起来。

2019 年年底，教师们也收到了定制款的新年礼物——艾小语时光序。它是一个工作日历，一周一页，方便教师规划每周工作与生活，配图是师生校园日常生活照。放在案头，既是别致的装饰品，也是工作的好帮手。

时光似箭，世事多变。2020 年初，一场新冠肺炎疫情，改变了大家的工作和生活。教师和学生都开始适应在线教学。等到复学回到校园已是 4 月底，但校园依然处于封闭状态。2020 年又恰逢"公民同招"政策实行第一年，家长和适龄儿童，只能通过线上游园会、线上说明会等方式了解学校。新政又碰上疫情，每个家庭焦虑的状态可想而知。给新生准备一个什么样的礼物，能够把温暖、关爱带进他们的家里呢？大家一合计，做个艾小语玩偶吧，软软的、暖暖的、萌萌的小玩偶。可以抱在怀里，放在枕边；可以放在车里、书桌前……有这么可爱的小伙伴陪伴，孩子们一定也对上学充满了期待。

2021年春天，可爱的陈舒畅老师把艾小语元素做进了文具里。给新生准备的大礼包里，装满了专门设计定制的艾小语铅笔、艾小语橡皮、艾小语贴贴纸……

师生争相当起设计师，开始用艾小语装点校园。食堂里挂上花环、树叶，摇身一变，成为"艾小语花园餐厅"。人体模特，穿上艾小语T恤，戴上艾小语帽子，就是一道可以移动的风景。把美丽的照片做成明信片，这是孩子们用来交换的礼物。孩子们把喜欢的糖果色泼洒在伞面上，艾小语雨伞"风里雨里，伴你同行"……

最近，陶艺社团的孩子们有点忙碌，因为他们正在设计制作艾小语杯子和杯垫。尤其是杯垫，树叶形的、心形的、船形的、花瓣形的……每一个都与众不同。当学校的客人们用这样的杯子和杯垫喝茶，恐怕喝到的不仅仅是茶吧，更有浓浓的情谊和创意在里面。

艾小语衍生产品，可以无穷无尽。我把创作灵感交给学生，交给教师，从而创生出无限课程资源。艾小语设计课程，给校园注入了活力。我也把艾小语形象内化到活动中，"艾小语运动会"是线下的运动类竞技比赛，"艾小语运动汇"则是线上的运动科普。"艾小语国学堂"是线下孩子们写字、画画、读诗、下棋的好去处，"艾小语国学课"是线上孩子和家长名画名作鉴赏之地。

谁的眼泪掉了一地

艾小语农场里，孩子们自己种的青菜丰收了。周五放学的时候，每个孩子拎着一袋菜回家，小李同学也不例外。妈妈用小李带回家的食材做了一道炒青菜，小李吃得可香了。第二天吃午饭的时候，小李问妈妈："昨天带回来的青菜呢？"妈妈说："吃完了呀。"小李急得眼泪掉了一地："为什么一顿就吃完？为什么不分一半到今天呢？"妈妈哭笑不得。后来遇到班主任老师，把这件趣事说给老师听，顺便还点赞了学校的农场。

身披朝阳的校门、洒满落日余晖的教室、星光密布的操场……每个孩子心中都有一个难忘的校园打卡点。对英特小学的孩子们来说，最佳打卡点就是艾小语空中农场。

2019年的春天，为了增加孩子们对劳动教育的认识，真切地体会农耕文化，我有了建立农场的想法。在选址初期，和负责项目的教师走遍学校的每个角落，考虑到场地的大小，最终选择了在综合楼的楼顶空地，建起一座空中农场。场址选好了，问题也随之而来，农场是在屋顶，怎么种呢？怎样能让每个孩子都能参与进来？教师和孩子们脑洞大开，既要保证孩子们都能接触到所栽种的植物，还要使土壤能在楼顶实现利用最大化，结合集团和设计公司的意见，最终确定了以种植框的形式放置，节省空间的同时确保土壤不会在雨后流失。设计有了之后，工程队利用大吊车将种植框吊至屋顶，再进行安装。经过前后几十次的跟进，农场终于在开学前完成了建设，起名为"艾小语农场"，科学教师李志云成了首任农场主。

2019年8月31日，我和家长代表、教师和学生代表一起见证了这一激动人心的时刻，在现场所有人合力喊出的倒计时中，"艾小语农场"正式启动。

农场启动后，便开始了新学期的种植计划。选择什么样的植物种植、是否符合植物生长时间、怎样保证孩子们的观察、这次的种植能带给孩子们怎样的收获等一系列问题都是要在种植方案中注意的。农场启动初期，考虑到孩子们是第一次接触栽种，各方面都不太熟悉，为保证能有好的收获，李老师选择了种植简单、成活率高的青菜。之后孩子们利用科学课及劳动课，在教师的带领下完成栽种及观察，科学教师根据季节和种植植物的特点设计观察记录单，保证孩子们每次都能有目的地去观察，记录观察结果，最终形成种植及学习成果。

如何将孩子们的观察结果和种植成果进行展示，也是需要考虑的问题，以2020年9月种植的萝卜为例，孩子们将自己的观察记录表整理成观察日记，科学教师将孩子们的观察日记进行整理后，放置在学校大厅进行展示，以供其他孩子欣赏和学习。孩子们还在班级圈掀起了萝卜潮流，有鲜美可口的萝卜排骨汤，有栩栩如生的萝卜雕花，有五颜六色的萝卜拼盘，甚至还有搭配得体的萝卜娃娃……

除了孩子们在农场上每周的种植课程外，科学组还与其他学科相结合，让孩子们学习、实践和运用多学科知识。2021年4月，种植的植物开花了，孩子们观察植物结构，结合美术知识，进行了农场写生，在完成教学任务的同时，开拓了思维，还培养了动手操作能力、观察能力、写作能力等。

随着艾小语农场逐渐走上正轨，孩子们纷纷表示太喜欢我们的艾小语农场啦，不仅体会到了农场种植的乐趣，还学习到了许多课堂中学习不到的生态知识。但也有小朋友对此并不那么热衷，偶尔还会"打打酱油"，原来是因为每次的劳动主题较为单一，都是种植一些常见的蔬菜。因此，作为农场发起人的李老师进行了一定的创新。在2020学年的第二学期，将艾小语农场的种植主题定为"我与春天有个约会"，同学们播撒下种子，等到鲜花盛开的季节一起来畅游农场，打卡留念。收获季，孩子们开起交易会，用收获的蔬菜与同伴交换图书文具，并将图书文具捐赠给慈善机构。英特的小农场主们不仅要学会种植，更应该学会善良，拥有一颗纯真的心。

　　艾小语农场正式投入使用之后，陆续收到孩子们对于农场改进的意见，有的问老师："我们可以在农场养小兔子吗？"还有的说："可以养小鸡，小动物可以吃掉虫子，动物粪便也能够做肥料。平时食堂的剩饭还能够喂小动物，一点儿也不浪费。"孩子们的话里透露着对农场的喜爱，也充满了对于农场未来发展的畅想。未来，说不定真的可以做成可循环的生态农场呢！

犄角旮旯里的实验室

孩子们对农场种植的热情，也感染了家长们。在"英特印象"问卷调查中，不少家长提到艾小语农场的萝卜、青菜。农场建在屋顶，面积不大，有没有可能对现有的校园进行二度开发，进一步拓展探索空间呢？

这个想法得到了学校"自然生存"和"木工坊"课程外聘老师王立刚的支持。经过几轮头脑风暴，"艾小语自然实验室"的创意渐渐清晰，先梳理了校园里现有的植物，以及所在区域，并结合不同年级学生的特点，重新做了规划。

2017级的孩子们，挑中了教学楼南面的墙边。他们电话咨询了农林专家，确认现有条件可以种植以后，与科学教师协商种茶树。春天，茶树苗入了土，孩子们欢天喜地地举行了茶树入土仪式。茶树需要照料，孩子们就自己去查找相关资料并向老师和家长请教养护方法。看着茶苗一天天长大，是一件幸福的事情。也许等到可以采茶的时候，他们已经小学毕业，离开学校到中学学习，但是，给学弟学妹们留下他们亲手栽种的茶树，这是不是更有意义呢？

2020级和2021级的孩子们，则承包了操场南北侧的种植区域。他们分成若干小组，在老师和家长志愿者的帮助下，测量场地尺寸和湿度，设计种植方案。2020级的孩子们选择了"药食同源"，将中医药知识引入课程，种植山楂、金银花等；2021级的孩子们则尝试建设"农家乐"小天地，各种蔬果种起来。

2018级和2019级的孩子们，早就商量好了方案，他们要在楼顶的农场里种西瓜。从瓜秧到结果，临近暑假，一场别开生面的西瓜盛宴在等待大家。食堂大厨还用西瓜雕出了一只栩栩如生的大老虎，边缘有花朵如许。高年级的孩子们会心一笑："心有猛虎，细嗅蔷薇。"

可爱的孩子们和老师们还给自己的"试验田"取了名字："七色花田""药圃花溪""青门绿玉""幽径茶香"。我还记得在"艾小语自然实验室"启动仪式上师生响亮的誓言："我志愿做艾小语自然实验室的守护员，建设它，创造它，用手触摸自然，用心感受科学，万物皆可实验……"

毕业于"食品科学"专业的杨娜老师，和孩子们一起开启了有趣的实验之旅。低年级的孩子利用校园里的橘子树，做起了水果罐头；中年级的孩子对枇杷进行保鲜对比实验；高年级的孩子尝试起用柚子提炼精油……每一个未知的领域，都让孩子们好奇。成功了固然可喜，失败了也是一次探索。"万物皆可实验"，将"科学知识原理"转化为趣味性、游戏化、生活化的课程，在动手动脑的过程中培养了孩子们的科学态度和科学思维，这将会使其终身受益。

全体师生还为自己取了喜欢的自然名。"自然名"，可以是花草树木、风雨雷电、动物、山川、河流等一切大自然中的东西。利用木片制作了自然铭牌，形状各异，图文并茂。用绳子串一串，挂在胸前，或者挂在包上。同伴之间可以互相交流：

"每当春天来临，樱花开的时候，大片大片的花朵，连在一起，像云一样，对着我微笑。我喜欢樱花，我给自己取名叫山樱。"

"自从去澳大利亚旅行时见过考拉，我就喜欢上了它可爱的模样。我就取名叫考拉。"

……

有时候，孩子们发现彼此之间取了相同的名字，甚至还和老师也撞了车，这个时候他们会很兴奋。仿佛一个共同的秘密，把他们联系在了一起。

自然铭牌可不是个花架子，放在那里看看的。孩子们还要对自己选择的物种进行研究，不然，别人问起的时候，自己却一问三不知，岂不是很没有面子？甚至还可以发挥想象编故事。

四年级的奇奇给自己取的自然名是"火星001"，因为他看过一篇文章，里面提到科学家认为太阳系中最适合居住的五个星球，其中就有火星。他以自己为主人公，写了"火星环游记"系列故事。

艾小语自然实验室，似乎有取之不尽、用之不竭的创意呢！

藏进巴士里的秘密

2021 年的春天，校园里多了一辆旧巴士，静静地立在操场旁边的草地里。

小朋友们很好奇，围着它左看右看。这是有旅行团来学校参观吗？不是，这辆车是学校专门向公交公司订购的废弃巴士。

花钱买一辆报废车？

一个暑假之后回来，孩子们突然发现巴士变样了。外面喷上了色彩鲜艳的油漆，还有探出头来的艾小语。里面的椅子都拆除啦，铺上了新地板，换上了窗帘。孩子们更好奇了，这辆巴士到底是干什么用的呢？谁可以乘坐？可以在上面玩耍吗？

在桂花香满校园的时候，学校发出了"AI Bus Ideas"——英特小学"巴士改造"创意设计征集令。孩子们可兴奋了，几乎所有孩子都参与到了巴士改造设计中，而且图文并茂。来看看他们的创意：

一家小卖部，可以用英特币买玩具、艾小语周边产品、冰淇淋、蛋糕、糖果等。

一个巴士影院，能够看舞蹈和电影。

一个 VR 体验馆，可以在巴士里体会 VR 的酷炫视觉效果。

一个花店，可以每天购买到新鲜的花朵送给自己喜欢的人。

一个迷你舞台，老师、同学都可以在车上给观众表演节目。

一家书店，可以设置流动书本，让大家在车上阅读。

一辆多功能车，分成三四个不同的区域，例如游戏区、阅读区、购物区等。

……

不同年龄段的孩子，对于巴士的改造想法不同，但都充满童趣。

　　一年级的小设计师们喜欢对巴士外观进行天马行空的改造，他们拥有丰富的想象力。二年级的小设计师对阅读和美食更感兴趣，他们想把巴士改造成快乐家园。三年级的小设计师开始将重心放到车辆内部设计，他们是最大的"野心家"，也是最会利用空间的"改造大师"。四年级的小设计师们脑洞大开，他们更专注巴士的知识分享属性。五年级的小设计师更有规划，他们将生活、科技与学习属性集中在这一辆"梦想"巴士上。

　　这么多创意，可把负责项目的教师忙坏了，一份一份阅读过去，然后呢，一个一个点子实践过去。

　　美术组的教师决定采纳孩子们的建议，试试巴士画展。全校招募令发出去，一位四年级小朋友思甜自告奋勇在巴士上开首届个人油画展，十几幅大小不一的油画作品，风景画、人物画、静物画、动物画，从车头一直摆到车尾。桌布铺起来，氛围灯亮起来。艾小语巴士首站开启，孩子们都好奇地前来围观。美术教师充当起售票员："各位乘坐艾小语巴士的乘客们，欢迎大家参加今天的巴士画展，请乘客们注意登上巴士后保持看展礼仪，带着问题观赏画儿。"

　　要说看画展不稀奇，但是巴士画展倒是第一次。孩子们的新鲜劲儿上来了，就连巴士的那扇车门，都有了神圣的光泽。

　　看着孩子们在巴士里玩得欢，老师们也坐不住了。信息组的陈正钗老师，打算将机器人课程开进巴士。林茹丹老师则有意举办摄影展。而田雪阳老师，索性在巴士里开起了脱口秀，捧场的孩子特别多。

　　学校的厨师也坐不住了，将巴士布置成仅供一桌的 VIP 西餐厅，全校英特币最多的孩子，可以邀请心目中最重要的人到巴士餐厅享受美食和厨师长的专属服务。此消息一出，全校哗然，都在猜谁是那个最上进的人。特别的邀请函，摇曳的烛光，定制的食物，还有属于自己的那份荣耀……想想都挺美的。

　　一辆旧巴士，为什么那么受孩子们欢迎？因为孩子们喜欢探索，尤其是在藏着许多新秘密的环境中探索。

邮筒里也能装下未来

互联网时代，联系多方便呀，电话、微信、钉钉、电子邮箱……但是，如果家长想要反映一些建议但又不想透露个人信息，如果孩子们有些话不想跟老师当面说，想要悄悄地表达，怎么办？我们做了两个艾小语邮筒，一个放在校门口，另一个放在校内教学楼旁侧的花坛边，专门用来接收纸质来信。

一开始也不确定，这样传统的方式是否受欢迎。等邮筒正式"营业"，还真的收到了一些信件。

有建议。美食节前两周，邮筒里收到了一张手写菜单，是四年级一位女生和她的好朋友一起写的，菜单里列的都是她们爱吃的菜，希望食堂的叔叔阿姨们能够满足她们的心愿。

有烦恼求解。比如："妈妈对我的要求很高，如果有做得不够好的地方，我都不敢告诉她，我该怎么办呢？""家里添了小弟弟，我觉得全家人的重心都转移到弟弟那里去了，我有些失落。"

收到信件，艾小语邮筒专员会分类处理，有些直接交办，有些需要回信，还有些会安排谈心。

一年级新生入学的时候，会写一封信给未来的自己，投入邮筒里，据说艾小语邮递员会把信送到未来空间密封起来，到六年级的时候，这封信又会回到孩子手上。时隔六年，当年许下的小小愿望，是否已经悄悄实现？

校门口的艾小语邮筒，收到过家长厚厚四页纸的手写感谢信，也收到过厚厚四页纸的手写建议信。虽然信件不多，但意义深远。家长的信件，如果留了名字的，我们会回复对方；如果没有留名字，就通过钉钉或者家长沙龙之类的线上线下公开回应。即便是批评的声音，我们也不回避。

在信息技术如此发达的时代，艾小语邮筒，传统的手写书信，成了师生交流、家校沟通的一条补充途径。

年级组长孙元老师受到艾小语邮筒启发，还巧妙地将邮筒当作道具，做进了四年级成长礼的方案里。他们做了几个立体信箱，教师们装扮成艾小语躲在信箱里。孩子们向"艾小语"信箱投递自己近期想要解决的问题或者想要实现的愿望，稍等一会儿，"艾小语"信箱就会有回信送达，孩子们读着回信中的文字，会觉得神奇和惊喜。有孩子问"我的好朋友不理我了"，收到的回信上写"你得主动地去做点儿什么"；有孩子问"我如何才能评上英特好少年"，收到的回信上写"这取决于你的行动"；有孩子问"我该不该坚持参加校游泳队"，收到的回信上写"相信你最初的想法"……每个孩子的问题不同，回复也不同，这很考验"艾小语"的功力。但是这难不倒我们智慧的老师。

孩子们收到回信，都想要去看看信箱里的"艾小语"，看到原来是熟悉的教师所扮，没有丝毫失望，反而倍感亲切。

受艾小语邮筒的启发，五年级的班主任许嘉韡老师以书信育人，每月给孩子和家长们写一封书信，居然炼成了特别的带班攻略。为方便投递，各个班级也增设了艾小语信箱，收集孩子们的小烦恼、小建议。这些小烦恼积攒在一起，在杜亚男、陈舒畅等23名教师的努力下，归类分析，提出对策，居然编成了《艾小语的26堂烦恼课》。

附：

第十九课：孩子喜怒无常，怎么办？

亲爱的艾小语：

你说是不是越长大，烦恼会越多呢？我最近就有一些烦恼，奶奶说我开始有了不少"坏脾气"。我开心时，会玩得特别疯，但有谁惹我不开心了，我又会突然变成超级生气的样子。如果这时候没人来帮我解决问题，我的眼泪马上哗哗流，妈妈说我就像开了闸的水龙头一样。爷爷最厉害了，他说最适合我的一个词就是"喜怒无常"，我去问过爸爸这个词是什么意思，他说这个词不是一个好词，说明我控制不住自己的情绪小精灵。我感觉很糟糕，如果我一直是这样，所有人都会因为我而感到烦恼。而且，爷爷还说，这样下去，总有一天我会被情绪怪兽带走，他们会找不到我，也许我会没有办法继续待在温暖的家里。我有些害怕，要是真的被怪兽带走了，那可怎么办？怪兽会不会把我吃掉呢？聪明的艾小语，请你帮我想想办法，我想自己控制住情绪小精灵。

烦恼的小 T

3 月 7 日

艾小语回信

亲爱的小 T：

你好。你说的这个问题呀，艾小语我也遇到过，你可算是问对人了！要知道，我可是出了名的"脾气精灵控制能手"。首先，我们要分清楚脾气精灵有哪些，最常见的就是四种脾气精灵——喜、怒、哀、乐。每一种情绪精灵都有无穷的能量，每一种都需要你小心控制，更有趣的是，你还可以收服这些精灵，用它们互相控制对方。

当你十分开心时，可以放声大笑，舞动身体，但要注意快乐的时间，超过10分钟就会让你的身体有些累，更要注意在最快乐的时候不要靠近危险的地方，不能摆弄尖利物品，以免对自己或身边的人造成伤害。

应对类似"怒、哀"这两类坏脾气精灵就有些难度了。坏脾气精灵很强大，遇到它的时候，你会发现，你总是想怎么做就怎么做，但是粗鲁和乱发脾气的行为很难被别人接受，大家会渐渐远离你，即使是最亲的家人也会被你伤害。

那该怎么办呢？你可以哄它们睡觉，画一幅画或唱一首歌都是好方法。等你平静下来，你还可以找家人要一个温暖的拥抱，用欢乐和温暖彻底赶走它们。当然啦，你还可以借助"喜"精灵的力量，可以尝试将自己快乐的事情用日记、照片、录像的方式记录下来，时不时看看这些藏着快乐能量的回忆，坏脾气精灵可害怕这些啦。

……

艾小语

3 月 10 日

为它写一本传记吧

一眨眼，艾小语陪伴孩子们四年了。它的未来该去向哪里？学校向家长发出了征集令，收到了不少热心家长的建议。

杨政九爸爸说：艾小语的表情、肢体动作可以更丰富些，制作各类表情包，比如微信或者钉钉里可以用的表情包，或者礼貌用语、生活学习场景中的用语，配上相应的表情包。

吴澍丰妈妈说："艾小语是需要运营的，让它有生命、有性格和人物特点，通过活动和展示环境完善它。现在的孩子还是很愿意相信童话和虚拟世界的，前提是虚拟世界也足够真实。"

头脑风暴也在教师中展开。孙琪老师说，小时候看《西游记》，被孙悟空西天取经路上的丰富经历所吸引，艾小语能不能也有属于自己的故事？张任昊老师说，他可以去试试，看看能不能为《艾小语传》搭个框架。

寒假，本应是休息的日子。窗外寒风刺骨，室内，钉钉的电话会议却开得热火朝天。

"艾小语设定是外星人，作为植物研究员来到地球采集植物样本时，因为飞船失事，无意间来到我们学校，然后郎校长收留了艾小语，为什么收留还没有想好。"

"在飞船修好之前可以待在英特小学，但是前提条件是要在此期间陪伴我们的孩子，帮助孩子们更好地成长。刚开始艾小语觉得地球孩子很淘气、很调皮，非常不喜欢这里，想方设法要离开地球，但是经历了各种事情后，渐渐地被孩子们勇敢、诚实、善良的品质，学校美好的生活环境，地球上的文化、历史所吸引，最后决定留在我们学校，一直陪伴英特学子。"

"结尾也可以是开放式的，不要去限定，为第二季故事留有余地。"

……

创意，给平凡的日子增添了生动，也让教师的职业生命有了活力。

我按了暂停键。因为：为艾小语编传，内容和形式的决定权不在我们手里。应该把这样的设想告诉我们的孩子，让他们参与进来。

春季新学期开学，我们的开学典礼便显得与众不同，那是一场《艾小语传》的编写动员会。校长月度助理陈舒畅担任主持人：

小朋友们，从建校至今，艾小语的形象越来越饱满。但是还是有小朋友问："老师，艾小语从哪里来？身上究竟有什么样的故事？""它又为什么要在英特小学陪伴我们？"这些问题都很好。是啊，我们喜欢孙悟空是因为《西游记》，喜欢哪吒是因为《封神榜》，喜欢熊大、熊二是因为《熊出没》，每个角色都有它们独一无二的故事。所以，这个学期，老师想请大家成为艾小语故事的创造者。

首先，我们一起来了解一下目前我们知道的艾小语信息。

艾小语来自一个不知名的外星球，它身上有着各种超能力，年龄未知。生物类型为哺乳动物，祖先为鲸鱼，保留了祖先大部分的特征。可以在水下和地面上生活。

特点是智商极高，精通语言学、物理学、化学、数学、植物学和飞船驾驶。它善良勇敢，正直宽容，但偶尔也会犯错。

你可以用以下形式讲讲你想象的故事。例如写一篇故事，画一张思维导图，画几幅漫画，还可以把你们的故事说出来，或者录制成视频。期待你成为艾小语故事的创造者。

听完简短的动员，孩子们可兴奋了，都说要参与到创作中来。"我要为艾小语设计我心目中的飞船""我已经想好故事情节了，我先画个思维导图""等

《艾小语传》出刊，我可以画连环画"。

认真阅读了孩子的作品，了解了孩子心中的模型，我们开始招募编写组成员，有兴趣的教师自愿报名参加。白春蕾老师第一个报名。为了保证故事风格的统一性，我们组建了由四名教师、四名学生、两名家长组成的十人核心创作小组，开始了《艾小语传》的文字创作。

孩子们早就迫不及待啦！

说真的，"艾小语"的课程故事，还真的是无穷无尽、无休无止呢！

第六章

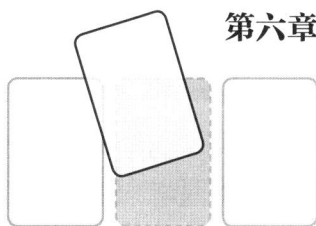

原来上学这么好玩

CHAPTER 6

对初入学的儿童来说，喜欢上学比学到什么更重要。

感兴趣的是和同学一起做实验，
那一刻时间仿佛静止，
只有好奇，
只有探索，
只有无限的期待。

爱上学，从"早上好"开始

中午，走廊里遇见一个男生，他看见我就热情地跟我问好："早上好！"旁边路过的女生偷偷笑。男生反应过来，不好意思地说："早上说习惯了！"

这样的情况不是偶尔发生，而是常见的，因为每天早上我都会在校门口迎接孩子们，一声"早上好"，一天要说上几百遍，以至于别的时段遇见我的孩子们还是会脱口而出"早上好"。

2009 年，我曾随杭州市政府去德国考察，其中有一幕于我印象很深。那是一个小学，校长是一位中年男子。他正接待我们，向我们介绍学校情况的时候，忽然停下来说抱歉，因为放学时间到了，他必须到校门口欢送每一个孩子，如同每天早上欢迎每一个孩子一样。我们随他一起到门口，看他亲切地招呼每一个孩子，呼唤他们的名字，与他们道别。夕阳的余晖落在他脸上，那笑脸格外得温暖。

我把这样的场景搬到了英特小学的校门口。与我一起迎接孩子们的有值班教师，也有志愿者家长。我也努力地去记住每一个孩子的名字，与他们打招呼。从每一个孩子进入校门的状态，能够判断出他们今天的心情以及对上学的态度。如果哪个孩子低着头噘着嘴进来，我会问问他情况或者微笑着给他鼓鼓劲。有时孩子手上的东西太多，比如带来什么新画作之类的，值班教师会义不容辞地提供帮助。孩子们经常见到我，和我甚是亲切，有时会附在我耳边跟我说悄悄话，比如昨晚上有颗牙掉了，比如家里的小狗生病了之类，分享秘密让我们对新的一天充满期待。我也见证了极个别孩子努力克服恐惧的样子。有个小女生，第一天来上学，在校门口牵着妈妈的手不肯放，一放手就哇哇哭。过了几天，她交到了班上的好朋友，每天早上牵着好朋友的手开心地入校。还有个小男生，刚入学的时候，到了校门口，不哭不闹，安静地站着，不动。有时候是我牵着他的小手把他送进教室，有时候是值班教师，大多数时候是班上的同学乐呵呵地把他一起带进去。

美好的一天，从清晨的问好开始，到黄昏的送别结束。放学时段，孩子们校门口看到我，大老远地就与我挥手告别。有时，我会问问他们累不累，作业是否已经完成；有时，会欣赏他们手工课上完成后要带回家的作品；有时，了解一下点心是否可口，中餐是否满意；有时，会关心一下接送他们的人是谁……大多数时候，我微笑着与他们道别，期待第二天重逢。校门口的送别，让我了解到更多，比如：一天的学习生活是否疲惫，在校的一天是否快乐，有没有新的收获，哪些地方需要改进等。

风雨无阻地迎来送往，忽然发现我其实很享受这个过程。2020 年的教师节，学校开展了给老师"贴标签"的祝福活动，所有的孩子可以在可粘贴的便利贴上写好想说的话，然后贴在喜爱的老师身上。那一天，所有的老师都成了"行走的祝福展示板"，什么"口算能力天下无敌""上机操作实力过硬""朗读声音巨好听""光芒女神""春风化雨"等，丰富得超乎我们的想象。我的白色 T 恤和浅蓝色裤子上，也贴满了孩子们的评论，其中有不少孩子提到"校门口的暖心迎接"。

每到放假前的送别，总有一些孩子在我面前露出不悦神色。他们不喜欢放假，甚至不喜欢放学。有几个孩子，放学时段总是跟我有说不完的话，甚至还祈祷父母晚点来接。还有一位小男生，每次看到我都要出其不意地闪到我身后，然后用手指戳戳我的衣服，用特别的方式跟我打招呼。

不久，"特别的打招呼"在班级里也流行开了。每天早上都有两名小发明者站在教室门口，用他们发明的独特的问候方式来迎接同学。头点头是打招呼，鞋尖对鞋尖是打招呼，拉拉袖子是打招呼，转个圈是打招呼……孩子们每天来到学校都很兴奋：今天迎接我的是……

烁烁最近拥有了一套恐龙服，他特别想要跟同学们分享，来跟我申请能否允许他穿着恐龙服在校门口迎接同学。那一天，他是第一个到学校的，"小恐龙"精神抖擞地跟每个同学挥挥手臂。那一天，烁烁全身都写满了幸福。

如果要让孩子们喜爱上学，那么，这个地方一定是让他们觉得安全的、自由的、充满乐趣的。见想见的人，做想做的事，如此，便不会觉得无聊。

爱上上学，从"Hi，早上好"开始！

好教室，从会"变身"开始

教室是孩子们学习活动的重要场所，也是孩子们在学校中最重要的生活空间。

在建造校舍的时候，筹建组已经考虑了不少符合现代需求的因素，比如足够的面积和合理的形状及尺寸，每间普通教室长 9 米，宽 8 米，按 30 人的规模计算，生均面积达到 2.4 平方米。再如良好的朝向与声学环境，充足而均匀的光线，中央空调、新风系统的配置等。

学校所要做的，就是在良好的硬件基础上，赋予其更多、更个性化的功能，使规格形式更加弹性化，空间设计更加多样化，情景布置更加教育化，设施配置更加生活化。于是，学校开始了教室的大"变身"。

让教室变"活"。

因为教室宽敞，活动空间比较大，所以，课桌椅就不再是固定的，而是随着不同教学内容的需求而产生很多变化。当教学需要相互干扰少、测试或课堂展示时，课桌椅就成了传统的"秧田式"；当教学需要面对面交流时，课桌椅就成了 U 型或 T 型；当教学需要学生之间互助学习时，课桌椅就成了小组合作式的分布；当教师需要进行一些特别的教学活动时，课桌椅也可以根据需要进行组合。

如何对教室内的桌椅进行摆放更有利于学生发展，需要教师根据教学内容、教学风格去不断地探索。定期改变一下教室内的桌椅摆放，不仅可以给孩子带来新鲜感，还可以适应孩子不断变化的学习方式。

让教室变"暖"。

"老师，老师，我告诉你一个小秘密……"

为了让教师从高高在上的"台前智者"化身为足智多谋的"幕后推手"，与孩子之间形成更为亲密的关系，我们制定了一个特色陪班制度——在教室后方设置正副班主任的办公区域。通过这样的形式，教师与学生沟通零障碍，共学习，共成长。

于是，教室的办公区域常常会出现这样的场景：一位教师在上课，而后面的教师则成了辅助教师；一下课，教师和孩子成了朋友、伙伴，孩子们喜欢将办公区域围得水泄不通，叽叽喳喳分享各种各样的秘密。

这样的陪班制度不是让教师时刻掌握孩子们的一举一动，而是让教师变身"孩子王"，钻进孩子们的世界里，用儿童的眼睛看，用儿童的心灵感受，体会其中的童真童趣。这一个变化不是教室里多了两张办公桌、两把椅子那么简单，它更像是一种新型教师形象的塑造，一种对新型教育模式的探索。

在正副班主任的陪班制度中，教师时刻观察孩子的情绪走向，关注孩子的个人健康问题，引导孩子找到自身"闪光点"，激励他们提升自主解决问题的能力。同时，教师也会在孩子失落时给予温暖的鼓励，在困惑之时提供解决问题的"梯子"，结合学生的自身学习状态来创造一个个情绪体验峰值，从而激发学生学习的兴趣和可能性。

像这样看似有些"无缝隙管理"的措施其实是一种"爱的共通"，孩子与教师之间的信任和沟通，让教室变得温暖。

让教室变"宽"。

"转过头就可以看见一个世界！"

是的，你没有听错。每个班级中开展了"不出国门、走遍世界"的 PBL（Problem-Based Learning，问题驱动教学法）项目制学习。在班级后墙的位置有一整面装饰墙，每一个班级可以选择一个国家，并根据相关元素进行布置。比如有英伦风情浓郁的英国，浪漫自由的法国，童话王国的丹麦，热情似火的西班牙……每一个学期师生确定相应的研究主题，如一年级第一学期学习这个国家的饮食、服饰，第二个学期了解它的建筑、传统习俗。孩子们可以通过网络和书籍或者结合实践进行整理归纳，并且制作"文化小报"进行每学期的成果汇报。同时，不同班级之间也会进行密切的交流，深化"地球村"的概念。孩子们在班会课上"走班"交流，像"小小外交官"一样将自己研究的主题内容传播给更多人。

对于很多有出国旅行经历的孩子，这样的项目制学习更大地激发他们的求知欲。他们能够在旅行中收集当地的物品进行分析；看到美食会拿起相机拍下来和同学们分享；看到景点不是盲目地观赏，而是会多问问其中的历史和故事……

生活在这样的教室里，孩子们从一年级入学开始就逐步学习"如何高效地查资料？""如何整理和整合信息？""如何做好团队合作？""如何自信大方地进行演讲和表达？"等一系列问题的解决方法。正所谓眼里有光、心中有力量，拥有广阔视野的孩子日后能有更大的格局，有更平和的心态，以更从容的姿态面对生活中的美好与挑战。

让教室变"亮"

在英特小学流传着一句话：教室无白墙。每一面墙壁都被教师利用起来，成了孩子们的展示台。也许是一张张展现真善美的照片，也许是一幅幅童趣盎然的画，也许是一张张小有进步的作业，也许是一个个古灵精怪的手工，也许是孩子们收集来的资料、剪报……教室的内墙外墙，花花绿绿，但是又张贴得整整齐齐。

聪明的教师总是有很多办法。作品的展览形式不是纯粹的粘贴，而是将其放置在透明环保的文件夹中。一方面，可以保护作品的完整性；另一方面，方便作品更新，提供更多的机会给孩子们展示。墙上的展示常常在更新，孩子们经常流连其中，找找里面有没有自己的作品。看到自己的作品被展示了，孩子们受到莫大的鼓励；看到别人的作品上墙了，也会好好欣赏，偷偷学习。

用废旧包装纸做的京剧脸谱、用胶枪制作的埃菲尔铁塔、明丽隽永的水墨画、报纸涂鸦文创产品……只有你想不到，没有孩子们做不到。墙壁的每一个角落都有孩子们创作的痕迹——那不是孩子们的涂鸦，那是一颗颗小太阳，照亮了未来前行的路。

让教室变"静"。

孩子天性就喜欢跑跑闹闹，喜欢用自己的方式进行交流和玩耍，有时得不到认同就会产生误解，造成一些小摩擦。课间会有孩子跑过来，愤愤不平地说："老师，xxx打我了。"有些还会直接打回去来捍卫自己的权利。小学阶段的孩子有非常强的心理防线，不容别人越雷池半步；但同时他们的领悟和理解能力还未完全发展，常常会出现因误会而闹别扭的小插曲。如何解决和处理好孩子间的人际关系？"魔法班"的教室里有一个特别的"武器"，叫作"友谊沙发"。

在教室的休闲区里，一张小沙发格外醒目，班主任袁霞老师给它施了特别的魔法。坐在友谊沙发上的孩子能够更好地学会情绪管理，并且懂得更多的沟通技巧。面对矛盾冲突，第一步，引导孩子深呼吸，平静下来，告诉他们："先平复心情，再解决事情。"第二步，要求孩子尽可能准确真实地讲述矛盾出现的经过，以一个"摄像机"的视角来记录。第三步，教师向当事孩子复述事情发展的经过，让他们以一个听者的身份去思考和分析。第四步，孩子相互说出自己做得不够好的地方，并且未来打算如何提升。其实此刻双方的情绪趋近平和，他们能够首先非常准确地正视自己的问题，从自身找原因，而不是一味地怪罪别人。第五步，双方都能建立对彼此的信任，解开之前的误会，重新做回好朋友。此时，孩子们会相视一笑，然后来个大大的熊抱。

教室里的一张沙发，不再是一个休闲的场所，而是"教"与"学"有效建构的"孵化器"。在这里，教师不需要说什么大道理，也不会摆起姿态进行说教，而是从一个"听故事"的视角帮助学生理清其中的逻辑关系，为孩子间正确沟通"搭桥"。

让教室变"强"。

小小的教室，大大的天地。门口有创意雨伞收纳箱，墙边有每一个孩子的橱柜和收纳箱，有水杯的家，后面有图书柜，课桌旁有挂衣服的地方……各种功能齐全，让学习生活变得好方便。

　　"矩不正，不可为方；规不正，不可为圆。"教师不需要强调班级制度，教室"C位"的班级合约就是一种无声的约束。孩子们一起提出并且制定"班级公约"，粘贴在教室的重要位置，提醒每一个孩子都积极遵守。

　　"用心守候，静待花开。"班级的植物角是孩子们用心守护的家园，他们每天细心浇灌，耐心等待，传递一种向善的力量。可有一天，小绿植会泛黄枯萎，娇嫩的花朵会凋谢，变成"化作春泥更护花"的样态，但这就是生命的轮回、自然的更替。小小的植物角，拨动着孩子们小小的心弦。

　　"人心齐，泰山移。"班级里的每一个孩子都是独一无二的个体，他们有着迥异的性格、习惯和兴趣爱好，如何增强孩子们的凝聚力呢？"白鲸班"正在探索一种新的形式，就是从文化创意产品中塑造孩子们的认同感。在这个大集体中，所有孩子都非常喜欢小白鲸，觉得它聪明勇敢，活力满满。抓住这个元素，班级开发了一系列和"小白鲸"相关的文创作品，比如棒球帽、小玩偶、笔筒、储物盒……教室里随处可见的"小白鲸"元素，大大增强了孩子们的认同感和归属感。

　　如果你也认同教室不仅仅是教室，而是可以赋予它更多的教育意义，那就一起来变变变吧！

健康餐，需要"小红帽"

如果中午时分，你到英特小学食堂就餐，一定会惊叹于餐厅的氛围。三四百人同时用餐，但是餐厅里安安静静。取餐的小朋友轻声细语，放餐盘的小朋友轻手轻脚。

不过四年前的餐厅，可不是这个样子。那个时候虽然只有 100 多人用餐，但是噪声不断，有时候是喧闹的人语声，有时候是盘子掉落的哐当声。

我曾经尝试过安排值周教师严格管理，但高压之下的安静，总是暂时的，值周教师不注意的时候，喧闹声又起。中国人的用餐传统里喜欢交流，大人尚且管不住自己的嘴，更何况孩子。

2018 年的秋天，餐厅里多了个物件儿——噪音监测仪。由一块长方形的电子显示屏、一个噪音感应器组成。噪音感应器能实时监测噪音，并将其数值显示在电子显示屏上面。当噪音超过 60 分贝时，显示屏上的分贝数值字体颜色会从绿色变成红色。

孩子们对这个物件感到很新鲜。当噪音提示音响起的时候，每个人的分贝明显都会减弱下来。但是噪音检测器太敏感，一有动静就有提示音。提示音此起彼伏，很不协调。

2019 年秋天，餐厅里出现了一批"小红帽"。由二、三年级各班推荐小朋友轮流担任，每周一轮。每位"小红帽"被称为校园小管家，餐厅文化建设是他们的重要职责之一。他们各有分工，会在用餐时间按区域工作，谁负责取餐队伍，谁负责用餐纪律，谁负责餐盘回收，谁检查剩饭剩菜，他们记得清清楚楚。"小红帽"比值周老师还严格，还较真，还注重细节。有了同伴的提醒和监督，再加上噪音监测仪的提醒，"食不言"的规矩真正在餐厅里实现了。

为了提升"小红帽"的服务品质，每周五，纪律项目负责人张任昊老师会给他们开培训会，明确分工和职责。通过"小红帽"的自主管理，孩子们渐渐完成了从他律到自律的过程。餐厅从此成了一道文明的风景线。

"小红帽"的活动范围在扩大，从餐厅扩展到操场出操、教室卫生等。他们出现在校园的每一个角落，为校园文明尽职尽责。每当看到"小红帽"在校园执勤的身影，其余孩子都会投去羡慕的目光。他们一定也很希望成为其中的一员吧。事实上，从2019年10月到2021年5月，采用班级轮流的方式，经过"小红帽"岗位培训的人数接近800人次，也就是说，孩子们基本上都当过"小红帽"，有的甚至当过2~3次。

参加的孩子多了，有些问题也慢慢暴露了出来，比如：整体效率较低，占用时间较多；上岗时间短，磨合时间少，岗位专业能力较低；标准参差不齐，影响检查的公平性等。

如何解决这些问题？张老师把"小红帽"与学生核心素养之一"做热情的奉献者"结合起来，提出了"儿童志愿服务小队"的新概念。先从组织架构的改革做起，学生可以自荐也可以他荐，张老师会在报名的同学中开展一对一面试，面试合格后便可担任一周的儿童志愿服务队。面试什么内容呢？了解一下孩子各方面的表现，听一听他们对志愿服务的认识和看法。结合综合情况，选出18位预备队员。这18位预备队员再经过两周的实习期，正式成为英特小学志愿服务队的一员。对志愿者的工作方式也进行了改革，一学期负责固定的项目，不占用学生过多时间，也提升了效率。一学期结束，还会对志愿服务小队的日常考勤、学生反馈、班主任反馈、工作表现等进行评估。

这个办法好，将主动权和选择权交给孩子，但是又有适时的选拔和指导。学生的自主管理升格成志愿服务，服务他人的种子从小在心里扎根。

每学期初的升旗仪式上，国旗下讲话以后，担任上一轮志愿服务小队的孩子会排队走上领奖台，领取由校长颁发的志愿服务证书，并接受大家感谢的掌声。这是他们应得的荣耀。

因才营，也有一个人的 VIP 课程

琢琢是我校 2018 级的一名男生。开学前一周，琢琢的父母收到了学校的选修课程目录、简介和选课通知。他们和琢琢一起，逐项阅读，选修课程之多，涉猎内容之广，让他们惊叹。琢琢爸爸是理科生，对数字特别敏感，粗略一计算，哇，学生人数与课程数的比例居然是 3 : 1。

按照学校的选课原则，要求家长充分尊重学生的兴趣，让学生自己选。父母征求琢琢的意见，琢琢选择了四门兴趣课程，体育类的、艺术类的、启智类，最后还选了一门女红课。

"女红？确定？"父母狐疑地相互对视了一下，但还是尊重了他的意见。

选课结果查询，女红课最终报名人数为一人。琢琢爸爸妈妈以为这门课会被调剂，毕竟为一个人开一门课程，怎么都不划算。不过，让他们意外的是，这门课成功开课。琢琢成了女红课的 VIP 学生。

一对一课程指导非常有效，没过多久，琢琢就学会了穿针引线，而且还在新年来临之际为妈妈绣了一条手帕。妈妈很是开心，把手帕带在身边，遇到亲朋好友就展示一番。第二个学期，琢琢续报了女红课，并且成功说服一名同班的男同学也加入到穿针引线的体验中来。这门课程，琢琢整整坚持了两年。

琢琢参加的女红课，是学校拓展选修课程体系"因才营"中的一门课程。

"因才"，"因"是因材施教，"才"是培育英才。从 2017 年建校起，学校将拓展性课程分为两个部分：一部分排在周一、周五下午，以育特长为主要目的；另一部分是学后服务课程，以培兴趣为主旨。学后服务课程设在放学后两小时，包含作业辅导和拓展性课程。我们通过调查、家访、大数据分析等，全面了解孩子、家长需求，根据孩子的兴趣和学习长短板量身定制课程。孩子和家长对因才营课程具有选择权，可以自由选择其中任意一门或多门。每一门课程都提供个性化和定制化的指导，并结合课程特点和孩子的实际发展水平设定不同年级不同学期的具体指标。

因才营的课程建设，有以下四个特点。

一是按需开设。

课程的设计以满足孩子的需求为最终目标，充分尊重孩子在学习中表现出来的兴趣、对事物的看法、思维方式等，以及家长个性化的服务需求。

李先生是一年级学生家长，夫妻俩从事 IT 行业。入学前一个月，收到了学校发来的调查问卷，包括课程的需求、孩子的兴趣培养、最理想的放学时间等。开学前一周，收到了学校的选课程序，他惊喜地发现，课程里面居然有自己家儿子最感兴趣的"击剑"，而且，放学的时间居然也是弹性的，还能提供晚餐服务。这对他俩来说实在是太方便了。开学以后遇到别的家长，发现别的家长也在选课系统里找到了自己孩子想要选择的课程。

学校开展问卷调查，排摸孩子与家长的需求，并针对需求进行课程设计，以更好地服务于每个孩子的个性化成长需求。让孩子选到感兴趣的课程，为家长解决后顾之忧。按需开设的因才营，从孩子的角度出发，只要孩子有需求、有兴趣，我们就帮你培养。

二是自由选择。

孩子可以对因才营课程进行自由选择。自由选择的前提是课程要足够多。只有 100 多名学生的时候，学校开发 40 多门课程；有 600 多名学生的时候，学校开发 200 多门课程；有 800 多名学生的时候，学校就开发 300 多门课程。而且这些课程基本涵盖语言与文化、逻辑与创新、体育与运动、艺术与欣赏、实践与体验五个层面。自由选择的另一个关键因素就是你选择了就能上。学校充分尊重孩子的选择，因才营课程哪怕只有一人选课，教师也照常开课。

小许是我们学校 2017 级学生。一年级选课的时候，看到日语课就毫不犹豫地选择了，结果等到课程汇总时发现日语课只有一人选报。当时教师意见不一，有的建议跟家长协商换课，有的建议做做孩子工作，换成英语配音之类的，就连日语老师也打了退堂鼓。毕竟从办学成本来说，为一个人开设课程的可能性太小了。但最终，对孩子兴趣的尊重起到了决定性作用。日语老师为小许同学一个人开设了VIP课程。此后，一个人的课程也开，成了英特小学的传统。

为什么一个人的课程也要开？因为因才营的目的是尊重孩子的兴趣，并且为培养他们终身学习的能力而努力。你选我就开，孩子就有足够大的空间去做自己喜欢做的事情，有足够多的机会去发现自己的特长所在。

三是一生一案。

基于每个学习者的多样化、个性化需求，确保每个学生都按自己的速度进步，因才营课程实行"六个一"的过程管理，即一生一目标，一生一方案，一生一反馈。

从成功报名开始，任课教师就对每个孩子进行学情分析，建立电子成长档案，详细记录了每一个孩子的学习能力、个性爱好，并制定个性化的成长目标，包括阶段性分目标，且每周进行一对一的反馈。同时，在"一生一案"的电子成长档案中还收集保存孩子的作品，包括艺术作品、习作、答卷样本等。利用档案袋里的信息，能确定学生在技能发展序列上处于哪一个位置，也能清晰地看到孩子在不同阶段的纵向发展。同时有助于孩子的下一任教师第一时间精准地了解孩子的成长足迹，以便短时间内提供个性化的指导。

四是齐头并进。

在学校因才营定制化课程中，学生不是单条腿走路，而是夯实学科基础与培养兴趣爱好齐头并进。通过对教学内容的设计，有意识地促使学生个性化发展。

例如：在因才营家长调查问卷中，有家长这样反馈——家长A：其实孩子的兴趣拓展和学业提高都需要，建议教师能够针对部分孩子开设学业提高课程。家长B：因才营的课程很丰富，希望兴趣拓展课程做得更专业，这样我们就不需要再去外面报班上课了。这样的反馈意见在家长中占比较高。所以学校就针对这个需求，在因才营定制化中既兼顾学科基础，又兼顾兴趣培养。

因才营定制化因人而异、因材施教，为不同类型、不同特征和学习水平的孩子提供了全内容、全科目的学习环境。

那么如何保障因才营的课程质量呢？学校的做法是：校内教师担任课程开发者，建立课程纲要审核制，保证课程的反馈和开放性，评估与目标保持一致性。

因为不同的孩子选择的课程是不一样的，家长下班可以接孩子的时间也有差异，所以，放学时间也呈现出了多个时段，最晚的，可以等到吃完晚餐19点左右家长再来接。这一方面解决了家长接孩子的实际困难，另一方面，满足了孩子兴趣特长培养的需求，同时也促进了教师全面育人和课程开发的意识和能力，可谓一举多得。我在2017年推出多元化的课后服务，没想到2021年秋季，全国开始推行。居然和国家的教育政策想到一块儿去了。

放学的时候，我常常会随机问一些孩子：学这么多，累吗？孩子们扬起明媚的小脸，总是回答："不累！好玩！"原来，只要提供的课程够丰富多元，学习是可以与快乐并存的。

作业，也可以"投其所好"

2022年春，开学第一天，三年级的宸宸和爸爸妈妈就收到了学校的电子日历，新的学期有哪些重大学习活动，安排在哪一天，校历上写得清清楚楚。宸宸把和自己有关的事项和时间圈画出来，形成学期备忘录。

3月5日，为幼儿园弟弟妹妹讲故事。

3月11日，做自然铭牌，种植活动。

3月14日，风筝节，画风筝，放风筝。

3月25日，英语谜语大会。

4月6日，参加体艺节，开幕式表演，参赛。

4月24日，习作达标。

5月9日，亲子体验课程。

5月13日，防震减灾应急演练。

5月27日，课前演讲。

6月1日，儿童节美食嘉年华，职业体验。

6月17日，数学计算达标。

6月28日，各学科学业评估。

7月4日，休业式，小组项目学习成果汇报。

这份备忘录，让他清楚地了解了这学期的学习活动计划。这样，他就可以根据自己的实际情况，提前做好准备，而不至于临时遇到活动手忙脚乱。

每年寒假和暑假，教师会提前确定好新学期要完成的大学习任务，并且精准地体现在校历中，供每个年级的孩子参考。

　　同时，教师还有更重要的任务要去完成，就是要和本年级的其他学科老师一起制作本年级新学期的作业计划。他们在假期中要研读整册教材，以及和教材相关的教辅资料，提炼重难点，完成原创作业的设计，从周作业、月作业到学期、学年作业，从基础性的必修作业到拓展性的选修作业，都要在假期内思考周全。因为开学前，这些作业都要公告给孩子们。作业提前公告的好处在于，孩子们可以按照自己的节奏来安排。这一项任务极其考验教师的专业素养，但又极大地促进教师业务能力的提升。凡是意义深远的东西，必先经过艰苦卓绝的劳动。

　　为孩子们设计作业，不是一件容易的事情。你得了解孩子，知道他们喜欢什么，不喜欢什么，然后"投其所好"。

　　"不喜欢重复的识记或书写？"没关系，将生字词编成诗歌或者故事，还有闯关游戏；将生字词与书法课结合，让它成为可以展览陈列的作品。

　　"喜欢能够引起好奇心并且完成后有满满成就感的作业？"没问题。"思维导图"就是孩子们喜欢的作业形式。设计"思维导图"作业，让孩子们整理正在学习的知识点，总结、梳理学过的知识，对所学的知识不断温习和强化，形成知识网络。设计"思维导图"阅读单，帮助孩子们梳理故事情节，感受人物形象，看看孩子们读完《西游记》后绘制的个性导图，你就知道他们的能力有多强。

　　学科之间融合的作业，会大受孩子们欢迎。

　　结合《山海经》重点篇章的阅读，想象还有哪些异兽，仿照《山海经》的语言和结构，形成文字，配上插图，汇编成《山海异志》。学习《西门豹》，创作剧本并表演。这是语文、美术、音乐的融合作业。

　　出一道数学应用题，和同学交换答题和点评，注意全程使用英语。这是英语和数学教师的创意。

　　而风筝节之类的学校活动，也设计成了学科融合的项目学习。从风筝的历史、类别，到诵读和风筝有关的古诗词；从运用相关知识制作风筝，到从大自然、科技成果、时代潮流中寻找灵感，通过颜色选择和搭配，让自己的风筝更鲜活生动；从研究风筝飞行和风速、风向的关系，到通过一定的技巧与体力，在户外放飞风筝，再到利用信息技术实现云端风筝。"五育融合"的创新性设计，让孩子们兴趣盎然，受益良多。

......

学校图书馆特地开辟一排专用书柜，陈列孩子们的作业成果：中英文手绘本、诗歌集、思维导图册、小报汇编、调查报告、故事集、个性作业册......

让孩子们自己负责学习，通过尝试而学习，在综合的、有活力的环境下学习，在丰富的学习生活中永远保持好奇心，这大概也是孩子们爱上上学的秘诀吧。

对眼神，多么神奇的力量

期末考试当天早上，我在校园里巡视，特意走到四年级教室。小马同学已经坐在座位上，眼神却很尖，我刚出现在门口，他就朝我看，兴奋地用表情跟我打招呼，我朝他眨眨眼，他似乎心领神会，用力地点点头。

傍晚，考试成绩刚揭晓，语文教师就来报喜，说平时徘徊在六七十分的小马同学居然考了90分。我问小马："早上我朝你眨眨眼，你读懂了什么意思？"小马语速飞快："就是让我好好考试，不要让您失望。"语文教师在旁边偷笑："一个眼神，威力无边。"

这样的眼神对小马同学的确非常管用。小马同学知道自己聪明，也知道自己懒惰，所以对学习其实不那么自信。这眼神及时给了小马同学暗示：我是最特别的那一个，是最被看重的那一个，不能让老师失望。这成了他学习和上进的动力。

有一次小马同学上美术课，我正好随班听课，走到他身边时，他此地无银三百两地自动跟我报备："我昨天早上迟到了，但是今天没有，以后肯定也不会了。"言辞诚恳。

虽然小马同学时不时也会做些令人头疼的事情，比如设置冲关游戏刁难学科教师之类的，但是他总是尽力想让我看到他好的一面。他入校的第一天，我就跟他说："你是一匹千里马，我不会看错。"他记住了。所以每天来学校上学，在他看来是一件快乐的事情。

三年级的航航，看起来像个小大人。有一天午间遇见，我邀请他跟我聊聊天，说是聊天，其实都是听他讲，因为他太会聊了，我插不上话。听他说班级里、家里发生的事，说自己的心情，听他对"小红帽"提出自己的建议，看我听得认真，他很开心。这件事在他看来，仿佛成了一个大秘密。而他为这个大秘密感到骄傲。此后，只要遇见我，他的眼神总是欣喜的；只要有时间，他便会和我闲聊几句。有一次我问他，喜欢学校的原因是什么，他脱口而出："可以和老师聊聊天。"的确，我们的教师在教室里办公，跟孩子们除了学习上的交往，也多了很多生活中的互动。这种互动与陪伴，有时候有着神奇的力量。

有个叫可馨的小朋友，悄悄塞给我一封信，信中有一段话说：

我的好朋友晴晴今天生病了，不舒服，她告诉我，她的身体总是不够强壮，老是生病，老是要上医院……您能帮帮她吗？

我找到晴晴，问她是否可以一起聊聊天，晴晴乖巧地跟着我来到洽谈室。这是一个内向的女孩子，看了信，眼泪就下来了。我抱着她，静静地等她的情绪平复下来。我希望做她的朋友，听她讲讲内心的话语。离开的时候，我看到雨过天晴，笑容又回到了她的脸上。

小伦同学快要上一年级的时候，小伦爸爸跟我预约暑假见面，说是有重要情况先要提前沟通。见了面才知道，孩子多动，爸爸觉得需要跟学校提前报备。开学了，小伦果然好动。第一节外教课就不愿意上课，跑到教室外，跑到我办公室门口来了。我们像大人一般聊天。我说我很为难，如果同意他不去上课，外教老师会有意见；如果不同意，然后命令他去上课，他会因为强制而不舒服，怎么办呢？小伦想了想，说："要不这样，第一节外教课我不去上课，但是第二节开始我去上课。"我俩击掌通过。从这以后，只要在校园里遇见我，多远他都要过来跟我打招呼。不是热情地问候那种，是希望我注意到他的那种。

一个学校有成百上千个学生，教育就需要成百上千种方式，因为每一个学生都是不一样的。一个学校有成百上千个学生，每一个学生都各有所长，各有所短，但是要努力让每一个学生都认为自己是最重要的那一个。我和老师们要做的就是点燃他们眼里的光芒吧。

问刚转学过来的桐桐喜不喜欢这个学校，他脱口而出："喜欢！"为什么呢？他说："老师处理事情很公平。"遇到同学之间的小矛盾，95后班主任梅雨晴不会偏听偏信、武断处理，而是耐心倾听、细致了解之后再做处理。这样的处事方式，一下子就赢得了新同学的信任。

教育就是这样，一个肯定的眼神，一个赞赏的微笑，一句鼓励的话语，润物无声地，慢慢走进孩子心里去。

成绩单，真是让人看花眼

学期结束的时候，宸宸参加休业式，并且拿回了成绩单。回到家后，一家人打算坐在一起读一读这份成绩单，没想到一拿出来，爸爸妈妈傻眼了，这哪是成绩单，分明是一本书嘛，20 多页，还有密密麻麻的文字和表格。

就着午后的阳光，宸宸一家人开始阅读。这本报告单，没有分数，没有"优、良、合格、不合格"，也没有总评。但花了半个多小时读下来，宸宸爸爸妈妈却对孩子本学期的表现了如指掌。

他们发现，学校的课程分为"语言与文化""逻辑与创新""艺术与欣赏""体育与运动""实践与体验"五大板块，这也是学校遵循"宽基础、大课群、重体验"的课程设置原则，将国家课程与校本课程整合而成的五大课程群。

像语文学科隶属于"语言与文化"课程群，又细分了 17 个小项评价，如"我认识了常用汉字 300 个，会写其中 100 个""我在拼音过关活动中表现出色，被评为拼音小达人""我把图书整理得井井有条"等。数学学科，隶属于"逻辑与创新"课程群，细分为 13 个小项评价，如"我能在计数器上拨出指定数字""我能看懂简单表格，体验数学与日常生活的密切联系"等。

"语言与文化"中的英语学科，更了不得，有 22 个小项评价，涵盖英语语言和跨文化知识、人际交流和跨文化交流、展示和呈现三个维度。每一项评价都通俗易懂："我能清晰发音使他人理解""我能在班级同学面前介绍自己""我能根据配音材料中的故事回答基本问题"……

宸宸爸爸数了一下，各门学科的评价共包含了 114 个小项。

宸宸的报告单上，多数栏目都勾上了"1"，个别栏目是"2"或"3"。

这些数字代表什么？第一页有详细说明，"1"代表超出预期，"2"代表达到预期，"3"代表正在发展中，"4"代表低于预期。一项一项看过来，孩子每门学科每个细节都能找到评价。

"学校做得真是用心啊！"宸宸爸爸妈妈不禁感叹。

期末素质报告单大变脸，从2017年建校起就开始创意。原本一门学科一个等级或分数，这样的"规定动作"学校可以更省力，为什么学校非要折腾出这么多"自选动作"？答案很简单：因为素养比分数重要，过程比结果重要。

如果家长拿到成绩单，第一反应是孩子得了几分或拿了几个优，别的孩子考得怎么样，相互"攀比"，开始焦虑，这样的成绩单也就失去了意义。我们把各科分成100多个环节来细化评价后，每个孩子拿到的都是"个性化"成绩单，家长能更清晰地了解孩子的优势和不足，做更有针对性的补强。

为了这份个性的成绩单，学校教师要花整整一学期的时间。学期初结合学科特点，设定不同的评估板块，并结合孩子的实际发展水平设定不同年级、不同学期的具体指标，每一条指标都与课标、教材紧密联系，指向孩子每一门学科具体的学习内容、能力水平和习惯品格等。根据孩子身心发展的特点，每个学期的能力指标都会有内在的递进，如第一学期英语阅读要求"有表情地朗读"，第二学期则要求是"使用恰当词汇表达情感"。评估贯穿整个学期，还要及时做好过程性评价与记录，学期末填写成绩单。

孩子拿到综合素质报告单之后，可以通过数字了解自己的学习优势，也可以清晰地了解不足之处，从而明确自己下学期努力的方向。相较于一个冰冷的数字或者总评，这份报告单在给孩子一个信号：老师会关注到他日常学习的点点滴滴，老师会认可每个孩子的发展水平差异，并更倾向于通过纵向的变化看出孩子在不同阶段的能力水平的变化。这对于孩子来说，营造了一个基于安全、尊重、信任、期待的氛围，也是他们获得自信的源泉。

一年级刚起步的宸宸，六年里可以拿到12本不一样的素质报告单，等他小学毕业了再翻看这些报告单，六年成长的轨迹就清晰地浮现在眼前。

看花了眼的成绩单，在孩子们的童年里也开出花来。

英特币，尽是闪光的童心

在教室走廊，遇到一年级的一位小女生，很有礼貌地问我是否可以与她共进午餐。她说她用 500 个英特币兑换了一张邀请券，可以与心目中最重要的人一起用餐。

中午，我和她相约在食堂门口见面，一起取了餐盘。她很认真地告诉我三件事：一是尽管攒英特币很辛苦，但花出去很值得，接下来她想用英特币去体验一下别的班级的课；二是老师是不是过于喜欢她了，居然跟她妈妈说想"偷娃"了；三是她对当数学或音乐教师很感兴趣，不过不是一般的教师，是像她老师般的大师。

她坐在我对面，和我一起吃饭，引起了周围同学的关注。有几个孩子羡慕地围观过来，看着她放在桌上的价值 500 英特币的券。

吃完饭，她随着我去办公室参观，然后我把她送回教室。教室里的孩子们一下子围了过来。我问他们：你们用英特币做了哪些事？他们七嘴八舌抢答：

"我花了 50 英特币，换了跟老师的一个大拥抱。"

"我花了 50 英特币，换了一个小礼物。"

"我花了 100 英特币，跟老师去看了一场电影。"

……

用英特币，可以兑现一个愿望。花 50 英特币，可以体验当一天的领队员或者小蓝帽（类似于纪律监督员），可以兑换小礼物或者与老师的拥抱，可以换最心仪的座位或者到别的班级去体验课堂；花 100 英特币，可以跟老师一起去看电影；花 200 英特币，可以跟老师有一次小聚会之类的；花 500 英特币，可以请校长或者心目中最重要的人来陪餐。当然，还有自定义的一些愿望可以兑现。

怎么才能赚取英特币呢？一年级班主任吴敏老师打开了话匣子：

秋季刚开学的时候，每个孩子都会收到一张英特币储蓄卡，每天，我和其他任课老师都会对孩子的各方面表现进行实时记录，比如"主动把文具借给同学+1""抽屉整理得很干净+1""作业又快又好+1""进步快+1"，这个"+1"就是英特币。这样的内容会记录在学校过程性评价在线系统内，家长可以通过钉钉端实时查看，孩子可以通过刷储蓄卡实时查看英特币数量。孩子自己也可以申请加分，比如帮助同学打扫卫生、清理绿化带之类的，来赚取英特币。有加分也有减分，如果违反了班级公约，或者犯了错，就要勇敢承担责任，减去相应数量的英特币。不过老师也会执行足额奖励但是折扣减分的原则，不然孩子会心疼。卡内的英特币可以在平时及时花出去，也可以攒起来学期结束一起花。因为学期结束，会组织开展"班级超市"。每个孩子对英特币都很在意。一学期下来，最多的孩子可以攒到七八百个。

涵涵就积累了700多个英特币。涵涵妈妈是个教育专家，她举双手赞成英特币奖励机制。每天得到英特币，是孩子的目标，让孩子每天上学都变得朝气蓬勃。英特币是虚拟货币，需要累积到一定程度才能兑换使用，培养了孩子延迟满足的能力。更重要的是，英特币兑换方式多元，既有物质层面，比如兑换艾小语文创；也有精神层面，比如体验别的班级的课。既有自我视角，又有交际功能；既促进了孩子的自我教育，又加强了师生的亲密互动。

就在前几天，涵涵花了50英特币，跟老师换了一个大大的拥抱，又花了500英特币兑换了一张与校长共餐券，打算过几天去邀请。卡里余额突然清空，妈妈跟孩子打趣：花出那么多英特币，你不心疼吗？

孩子淡定回答："我觉得有意义就行。"

闪光的英特币给了孩子闪光的童年。

下一站，是怎样的惊喜

提到教师节，你会想到什么？是隆重的表彰仪式，还是校门口的一枝康乃馨？是工工整整的一封清廉过节倡议书，还是热热闹闹的一场聚餐？

在英特小学，如何过教师节，是滋生创意点的一个载体。

2020 年 9 月 10 日教师节，活动部的教师策划了一个"贴标签"活动。当天，所有教师都穿着白色 T 恤上班，而孩子则拿到了五彩的可粘贴的便利贴。他们可以在便利贴上写下有个性、不雷同的赞美语或祝福语，然后贴在教师的 T 恤上。

那天一大早，校园里就燃炸了。孩子满校园地追着老师跑。看看他们都写了什么。

对教师自身实力的绝对肯定："口算能力天下无敌""朗读声音巨好听""上机操作实力过硬""英语词汇大王"；

对教师颜值的夸赞："万人迷""仙女下凡""光芒女神""貌美如花"；

对教师辛勤教导的感恩："春风化雨""诲人不倦""教导有方"……

教师的白色 T 恤都变成了彩色 T 恤，彼此见了面，还读读对方身上的标签，互相逗趣。行走在校园里的教师成了"行走的祝福展示板"。

同样的创意活动，我们只做一次。2019 年的教师节，我们以"逗乐"为主题，孩子们可以用各种各样的方式，模仿秀也好，才艺秀也好，把教师逗乐，就成功了。2021 年的教师节，我们是"颁奖"主题，孩子们可以自行设计各种各样的奖状，为教师颁奖。有孩子为语文教师颁发一张"最勤劳奖"，奖状的背景是一片农田和一头牛，旁边还贴心配诗："我是田野，您是水牛。"

仅仅是教师节有这样的创意活动吗？答案当然是：不！

学校把"每日创新一点点"作为一个小目标，尽量在活动设计时融入一些新元素，因为孩子们喜欢新奇有趣的事物。

每年的六一儿童节，学校都会举办一个美食嘉年华。但美食年年有，形式岁岁不同。2018年的美食节，全体教师盛装出席，摇身变成花木兰、马里奥、灰姑娘、小黄人、钢铁侠……把校园变成了卡通乐园。2019年的美食节，家校共创，让孩子们体验了一把策划师、美食家、推销员、收银员。等收摊了，孩子们还跟爸爸妈妈一起，在操场上搭起帐篷，来一场星空帐篷故事会。而2021年的美食节，食堂大厨师操刀，开辟华中、华东、华北、西北、东北、海外六大美食区域，制作20余类美食，而教师则摇身一变，成为售货员。孩子们手持30元英特币，科学规划，合理消费。英特币花完了怎么办？帮摊位打广告，临时开发小游戏有偿参与，或者干脆秀起街舞等才艺，十八般武艺齐上阵。

科创节也是如此。虽然每年都会举办，但是在还没有出炉之前，我们永远猜不到会有什么变化。比如2021年秋季第四届科创节开幕式上，走秀成了每个孩子展现自我的方式。孩子们根据不同主题创作搭配自己的走秀时装。

一年级的孩子以"植物"为主题，进行了萌趣十足的穿搭创作：绿意盎然的"绿植"、硕果累累的"蔬菜水果"、婀娜多姿的"鲜花仙子"……

二年级的孩子以"动物"为主题："白孔雀"张开了它美丽的尾羽，"大熊猫"晃动着可爱的小脑袋，还有"长颈鹿"在左顾右盼……

三年级的孩子戴着环保材料做的帽子，拿着改造的旧鞋子，抱着废弃物品小制作出场了。没错，是环保秀。

四年级的科幻构思，五年级的航空航天梦，都在这场时装秀中展示得淋漓尽致。当高年级的孩子穿着航空服出现在现场时，全场沸腾了。

此时此刻，教师都变成孩子们的超级粉丝，拿着手机，不断拍拍拍。今年的科创节还没落幕，师生们已经在期待：明年，会给我们怎样的惊喜？

面对大家赞赏的眼神，科创组教师的回复云淡风轻：我们只不过做了一场"学科+"的尝试而已。

转学，是一件值得哭的大事

小胡同学五年级了，弟弟也到了入小学的年龄。爸爸妈妈工作调动去了别的区，家也搬过去了，弟弟也在家附近入了学。为了方便，全家人都来劝小胡同学转学。小胡是个懂事的孩子，不跟父母争，只是低着头不说话。自从家里人跟她说了转学的事情，小胡变得沉默了。细心的妈妈发现，房间熄了灯以后，小胡总是躲在被窝里偷偷地哭。父母心软了，从此不再提转学的事情，只是调整了家庭计划，爸爸负责接送弟弟，妈妈负责接送小胡，即便路途遥远，即便不太方便。

三年级的小林，也是因为搬了家，转去了别的学校。过了几个月，和小林原先的班主任闲聊，正好说到小林，班主任说小林在新学校没有适应，老是怀念我们学校，新本子上写校名，还常常会写我们学校的校名，和父母也总是聊以前的学校。一个学期之后，小林的父母做了一个重要决定，又把家搬回了原先的地方，小林又重新转回到他心心念念的学校，又回到他熟悉的班级。

我常常想：如果说入学之初通常是父母做出的抉择，那么入学以后，究竟是什么在吸引着孩子们？

我问转学过来的二年级学生乐乐，乐乐很认真地想了想，说了三个理由：学校环境很好，老师都很随和，同学之间能够互相帮助。

我在三、四、五年级学生中做了一个小调查：你喜欢这所学校吗？罗列你的理由。孩子们会写什么？我一边阅读他们的问卷，一边做摘记。

有花有草，绿化好，有喷泉，有小径，有柚子树，有猫咪，比弟弟、妹妹的校园美，有些地方一直在变化；

点心好吃，伙食丰富，营养搭配；

课程特别有趣，可以自选，活动多，有奖学金，有好朋友；

校长有爱，老师友善，老师负责，老师通情达理，老师与学生平等相处，老师个性鲜明；

在这里很快乐，好玩；

因为有别的学校没有的东西，有艾小语，有巴士，有农场，有校歌；

......

有的孩子"沉默是金"，直接一句话表达：因为喜欢才进的学校，因为它是一个温暖的大家庭。

还有一位孩子像个哲学家："喜欢一件事物是发自内心的爱，没有任何理由改变或述说。"

同样的调查，我也在教师中开展了：你觉得你的学生喜欢这所学校吗？罗列你的理由。

结果，教师罗列的理由跟孩子们列举的重合度很高，几乎相同。我很庆幸教师能够从孩子们的视角去感受学校，也很欣慰他们如此了解孩子，一起为孩子构建了一所好学校。

什么是好学校，判断一所好学校的标准有很多，但最重要的一条，好学校一定是孩子喜欢的学校。是孩子不舍得离开，即便离开也值得留恋的场所，是孩子回了家还想去，去了学校就不想离开的一个地方。

第七章

朋友多了路好走

大家都愿意留下的地方，一定是个好地方。

现在，
我是学校恒温游泳池里的一条快乐鱼儿。
未来，
我将在世界新潮流中乘风破浪，
自带勇气和力量。

知不足而后进

    8 月 30 日，新生入学典礼。8 月 31 日，是二年级及以上学生开学典礼。葛丁诺老师是两个活动方案的策划人。教职工大会上，她对两个方案进行了解读，并且把涉及的任务逐一落实到具体的教职工身上。有些教职工需要参与 30 日的活动，有些教职工需要参与 31 日的活动，少部分教职工两天的活动均要参加。

    看上去一切都已经没有漏洞，但事实并非如此。因为有教师说如果两个方案都找不到自己的名字，是否就可以在家休息。真的有被遗漏的教师吗？

    葛老师听闻此事，很是震惊，连忙和综合服务部的教师根据名单一一排查，果然排查出有几位教师既不在 A 方案，也不在 B 方案。虽说是制订方案时不小心遗漏，但是对不在方案内的当事人来说，会有一种被忽略和无措的感觉，甚至会误以为学校对他的工作不太满意，所以特意没有派任务。如果方案正式公布前，能够让各年级组长去审核一下本组组员是否全部在内，这样的疏漏就不会出现了吧。作为活动策划人，葛老师记住了这次教训，此后，每一次方案公布前，如果不找几位同事挑过毛病，她是无论如何也不放心的。

    谢瑜婷老师刚从别的学校调过来工作，工作一个月后，她的感受既真切又强烈："参加教研活动，执教公开课的老师会真诚地征求大家意见，听课的每一位教师，不会敷衍了事，也不会蜻蜓点水，而是实事求是表达自己的观点，甚至会显得有些苛刻。但是被批评的老师绝不会生气，因为只有朋友之间才会听到如此真实的话语和如此细致的帮助。家长也是如此，无论是座谈会还是问卷，每一位家长都会认真思考，称赞有称赞的理由，提起建议来也是具体、中肯。

这里的每一个群体，都非常擅长于请他人找不足，好像都把聆听做到了极致。"

"请你帮我找不足"，其实是一种非常好的习惯，尤其是在扁平化管理的组织中。"月度校长"岗位，由于经常有新人加入，所以在整合每周工作安排时难免有出错或不周到的地方，但是有一个办法可以很好地弥补，那就是校长月度助理会邀请两位信得过的同伴，来审核工作安排初稿并提出建议，确认没有问题之后再传给我终审。被邀请的同伴感受到了被信任的力量，审核时会格外仔细。

项目组的负责教师，经常要制订各类活动方案，他们也形成了"请你帮我找不足"的工作习惯。负责少先队项目的孙琪老师，出台大队委竞选方案，里面涉及班主任参与的环节，所以方案初稿拟定后会邀请班主任代表来审稿提意见。负责安全项目的王梦梦老师，每一次安全演练的预案，都会邀请不同年级、不同学科的教师代表来审核，看细节是否有遗漏。

"请你帮我找不足"，不仅仅是校内如此，还延伸到了校外。负责家长开放日的李东禹老师，会邀请家长代表一起来审核开放日方案，这样制订的方案更贴近参与者的体验。

"请你帮我找不足"，不仅仅教师如此，我亦如此。每一次公开发言的PPT，我总是会邀请至少两位同事帮我审核。校长室出台的文件，总是会听取各方面的意见。就连节日福利采购的东西，团建的方式、内容等，也会征求意见，听一听大家的心声，而不是凭我自己的喜好去决定。

我的方案你来审，你的意见我会听，有了错误就及时改正。保持谦卑的心态，是接纳的前提，是培育分享文化的土壤。

家长，请您来当班主任

学校里的矛盾，80%以上出现在家校之间。

为了让家长能够在有需要的时候第一时间找到我，我不嫌麻烦，加入了各个班级的钉钉群。家长有问题既可以群内@我，也可以私信我。不过，家长还是会有各种各样的困惑：老师为什么没有及时回复我的信息？"光盘行动"会不会导致孩子不愿意打饭菜？孩子与同学之间有了矛盾怎么办？诸如此类。

尤其是一年级的家长，早上送孩子到校门口，孩子已经进入校园，背影都消失不见了，家长还在门口不放心地张望。

"不放心"，大部分是因为不了解；"有疑惑"，大概率是因为信息不对。《杀死一只知更鸟》里有一句话："你永远也不可能真正了解一个人，除非你穿上他的鞋子走来走去，站在他的角度考虑问题。"那么，就让大家都穿上对方的鞋子，来试一试。

我把"一日班主任"的设想跟家长代表一说，家长们拍手叫好。招募令发出去了，熙熙妈妈成了第一个体验者。她研究了一下教师的作息时间表，早上7：30就带着孩子准时出现在教室里。此时，班主任和副班主任已经在班级里忙碌，整理教室，迎接早到的值日生。值日生的工作还很稚嫩，还需要教师帮扶。刚帮完这个孩子，"乓"的一声，有个孩子的书包掉落在地上，书撒了。熙熙妈妈过去帮忙捡书，老师的电话铃响起来，是某个家长打来的，说是孩子落东西了，等会送到传达室，让老师帮忙去取一下。

班主任李想是语文教师，上午连着两节课，课上完以后忙着批作业。期间同年级组的教师过来讨论游园活动细节。等讨论完，午餐铃响起来，要带着孩子们吃午餐了。李老师叮嘱孩子们洗手、取饭，边吃边管理午餐纪律，并且选择当日的值日班长。所幸午餐桶的卫生以及勺子、筷子的摆放不需要过多地操心，只需要时不时去门口看看，并且拉回在门口趁着打汤玩闹的孩子。教室中吃完饭的孩子开始打扫卫生，学校规定孩子们吃完饭要经过班主任检查才可以去倒掉，不然有些孩子可能只吃几口就不吃了，等全体孩子吃完饭，班主任指导值日生开始今天的二次卫生打扫，擦地擦桌子。

吃完午饭，李老师带着孩子们去操场散步、晒太阳，有两个孩子特别闹腾，班主任留下他们谈心。下午第一节课，孩子们到专用教室上课，留在教室里的李老师开始整理上午的视频、照片等发班级圈。等更新完班级圈，下课铃声响起，李老师匆匆忙忙去上了趟洗手间，熙熙妈妈看着孩子们陆陆续续回到教室，有一个男孩子绊了另一个男孩子一下，两个人不知怎么就吵起架来。李老师回到教室，看到的就是一片喧闹的场景。她分别找两个孩子谈话，了解了事情缘由，帮助他们和解。

小朋友友谊的小船就是这样，说翻就翻，但是翻了以后恢复原样也快。下午，李老师陆续处理了与任课教师的沟通工作，与个别家长的交流工作，并且登录综合评价系统，开始记录孩子的过程性评价。李老师很受孩子们欢迎，课间的时候，总会有一些孩子围在她的周围抱抱她，趴在她身上，跟她聊天。老师和孩子都很享受这一刻。

放学铃声响起，象征着"一日班主任"工作的结束，但熙熙妈妈决定等李老师工作结束以后再走。李老师叮嘱孩子们快速整理书包，整理好书本，带好水杯，穿上衣服快速排队。带到门口与部分孩子的爸爸妈妈反馈今日表现。送完每一位孩子，便开始处理钉钉新消息以及未回复完的消息，辅导留下来的孩子。

暮色已经降临，教室里灯火通明。"一日班主任"熙熙妈妈的感受非常强烈，尽管她很想帮助李老师做些什么，但是却又帮不上什么忙。她发现班主任的工作着实不易，既是体力活，也是技术活。她也发现，不是老师不及时回复信息，而是很多时候她可能忙得连信息也没有看见。她更发现，即便老师很辛苦很累，但仍旧活力满满，仍旧对孩子体贴入微，这动力，是源自爱。

这天晚上，熙熙妈妈发了一个朋友圈，配上她白天在教室里拍的照片，并写了一段文字：

班主任的工作是繁杂琐碎的，一天是无法用几千个字完全描述下来的。每一位班主任、每一位教育工作者都是非常伟大的，站在体验者层面，需要反思的东西很多。

保安，也值得一张"奖状"

年末，总结评比阶段。有三个特别的奖项是雷打不动要在大会上隆重颁发的，那就是最美保安、最美保洁、最美厨工。获奖人员怎么产生的呢？项目组人员的考评加上教职工的投票。

别师傅是第一位获此殊荣的保安。他受保安公司委派，来到英特小学。很快地，凭认真勤勉的工作态度和和善真诚的笑容，赢得了大家的好评。那天他自豪地走上舞台，站在聚光灯下，接过奖状和奖品，全体师生的掌声热烈，他的脸也红了起来。这大概是他从事保安工作以来最高光的时刻。

说起保安公司，这里还有一段插曲。刚跟保安公司外派劳务签约的时候，对保安的服务，我是不满意的。保安公司的项目负责人到我们学校回访的时候，我劈头盖脸、毫不留情地狠批了一顿，项目负责人脸上红一阵、白一阵，很是尴尬。他觉得保安的群体文化程度不高，收入不高，所以对他们的要求可以低一点。我却认为保安岗是访客对学校的第一印象，只要对保安加强培训，给予尊重，服务品质可以提升。争论中，我说服了他。此后我们学校的保安，经由学校面试后，方可由保安公司签约。虽然人事关系在保安公司，但我从来没有把他们当作外单位的员工，而是当作学校大家庭里的重要一分子。例会、培训，重要节日的问候等，一个都不落下。有时间就和他们拉拉家常，跟他们说说这个岗位的重要性。让负责安保项目的老师，制定操作性非常强的细则，一对一地指导。而最美保安的评选，则是提升职业的荣誉感和使命感，让他们获得一份荣耀。

润物细无声的教育，会浸润身在其中的每一个人。不少新生家长对我说，当初选择在我们学校就读，温和耐心、责任感极强的保安，是其中一个重要因素，因为如果连保安的素养都得到保证，这所学校还会不值得信任吗？

的确，委托第三方劳务输出的保安、保洁、食堂员工等，是学校管理中最容易忽略的群体。一方面，因为他们人事关系不在学校，校方管理起来容易有越权和生疏的感觉；另一方面，他们的存在感和主人翁意识会降低，很容易滋生"各人自扫门前雪，莫管他人瓦上霜"的想法。他们的工作看似微不足道，但工作效果却会直接影响学校品牌。比如，保安每天在校门口执勤，几乎天天都要跟家长见面。有时候家长询问一些事情，或者给孩子送学习生活用品交给保安，保安待人接物的态度和言行，直接会影响家长的情绪，乃至对学校的印象。

保安、保洁、食堂员工的工作单调、辛苦，有时候还不被理解和尊重，如果不及时疏通和调节，容易带着怨念工作。每个人都有被尊重和自我实现的需要，如果我们将每一份工作都看得同样重要，尊重他们，肯定他们，同时也让他们明确工作的要求以及为什么要如此高标准工作的原因，他们对工作的理解会更深入，对自我的要求会更高。

学校的宣传册大合影里不仅有教师，还有保安、保洁、食堂员工，每一个在岗位上付出的人，都是学校的重要家人。师生遇到保安、保洁和食堂员工，都会彬彬有礼，热情问候。每当他们完成了一项重要工作，学校会及时送上感恩的话语。每逢重大节日，会为他们准备一份精心的礼物。重要的仪式上，会有他们熟悉的面容……

让在不同岗位上工作的每一个人都感到发自内心地愉悦和幸福。这份愉悦和幸福会转化为工作的动力和自我教育的决心，也会转化为对学校的真心喜爱。他们会把这份喜爱传递给身边的同事、朋友，传递给邻居甚至陌生人。食堂的员工小刘，原本公司安排她到别的单位工作，但她怀念这里家一般的工作氛围，又央求领导把她调回来了。保安老姜师傅来学校工作一阵子之后，希望公司能够把他的儿子也调来这里工作。一位保洁阿姨，把她的孙女送到了我们学校，接受更好的教育。

大家都愿意留下来的地方，一定是个好地方。这种平等互动的良性关系能形成一个强大的磁场，让所有参与者精神共振，产生潜移默化的教育效果，更有着提升全员素养的重要功效。

朋友，"我不是中介"

妍初是我们学校 2019 级的学生。那个时候摇号新政还没有出来，民办学校可以自主招生。妍初的妈妈姓黄，是银行高管。当初为了让孩子入学英特，特地在学校附近买了房，举家搬迁了过来。

孩子入学以后，黄妈妈对学校各方面都感到满意，便自发成为义务宣传员。凡身边有适龄儿童，便强烈推荐我们学校。

2021 年秋天，妍初已经是三年级学生了。学校举办了一场家长代表茶话会。各年级大约 40 位家长报名参加，大家喝喝茶，吃吃小点心，然后每个人轮流分享入学体验。

一位三年级学生的爸爸说："我们家孩子原本在另一个学校读书，听黄妈妈常常'安利'英特，便有意考察了一番，然后就毫不犹豫地转学过来了。"

一位一年级学生的妈妈说："我和黄妈妈是好朋友，也是因为听黄妈妈说各种好，为了能够参与第一轮摇号，将户口从主城区的学区房迁出来，举家搬到了郊区，入读了英特。"

这位妈妈一说完，大家都忍不住笑了，然后看向坐在门边的黄妈妈。黄妈妈急忙澄清："我不是中介，我不收一分钱介绍费的！"此话一出，在场的人又哄笑起来。

我没有统计过像黄妈妈这样逢人便夸学校好，巴不得亲朋好友的孩子都来我们学校入读的家长有多少，但我知道数量不少。因为来咨询的家长，经常跟我说，同事的孩子在我们这里上学，邻居的孩子现在几年级。

2021 年 9 月，皓皓的妈妈就果断地把皓皓转到了我们学校。我问家长转学原因，家长说："皓皓有个幼儿园同班好朋友，去年上小学时来了英特，皓皓去了别的学校，两个小朋友在一起玩，能够感受到好朋友身上逐渐发生的变化，比如自信、礼貌、表达力强等，再看孩子和他妈妈每次说起英特都是满脸的自豪，就下决心要来加入英特大家庭了。"

我从来没有要求家长们做我们的义务宣传员，但是因为有了良好的入读体验，家长和孩子们都把学校当成了朋友，当成了家。家长们甚至自称"英特粉"。

之藤妈妈就是一位铁杆"英特粉"。她们家门口其实就有一所学校，步行即可入学，但她舍近求远，把孩子送了过来。此后，小区业主群里，如果谁道听途说编排英特的不是，她可是要急眼的。每到招生季，她会自发做起联络官，邀请邻居来参观我们学校，来参与我们的课程说明会，甚至还不遗余力亲自陪同。

已经在读的学生家长，不断介绍亲人朋友圈内的孩子前来入读，而后面加入的家长，获得了良好的体验后，又成为新的宣传员。朋友圈不断扩大，保证了充足的生源。

就在前不久，信箱里收到了一封信。信是插班生小吴的爸爸妈妈外公外婆一起写的。三页纸，写满了工工整整、密密麻麻的字。信中详细地描述了小吴从当地一所知名学校转到我校后，一家人从担心到适应再到热爱的全过程，并具体地描述了孩子入读以后的体验，例如课程的定制化和丰富性带给孩子的乐趣，一生一方案、因材施教让孩子产生的显著进步，学校全面育人和教师无微不至的服务，使孩子对学习的兴趣愈加浓厚等。

读完信后，我给孩子的家长回了一个电话，表达诚挚的谢意。家长在电话另一头说，找不到更好的方法表达对学校的敬意，这封信是一家人坐在书桌前一起用心地写出来的，信中写的每一个字都是他们最想说的话。

孩子是一个家庭的希望。学校如果能让孩子找到学习乐趣、养成良好习惯、获得综合发展，孩子的童年该有多幸福。学校如果能想家长所想，急家长所急，乐家长所乐，家长该有多么欣慰。好的教育就是带给他人愉快的体验，而他人的愉快体验最终又反馈到了自己的身上。所谓"赠人玫瑰，手有余香"，说的就是这个理吧。

"学员"，"唱"出来的感情

有一次，和刚调入英特小学任教的龚农兵聊天，龚老师说起他曾经工作过的学校办过一个家长合唱团，效果挺好的。说者无意，听者有心，"家长合唱团"，这个想法便植入了我心中。

我与音乐组的老师提及了我的想法，得到了音乐组的支持，由声乐专业的赵杨健、邵心如老师来负责家长合唱团的日常教学。

开始招募会员，各班钉钉群发布了这一信息后，陆陆续续有40多名家长报名。为了支持合唱团能顺利开团，我也报名成为了其中的一名学员。

每周日晚上是合唱团的训练时间。第一次上课，赵老师和邵老师给家长们来了个下马威。他们让每个家长逐个到台上发声练习，我替老师捏了把汗。家长们第一次上课，一起唱还能滥竽充数，现在一个一个考核，不会把他们吓跑了吧？

因为是杂牌军，大家基本上都没有经历过专业训练，看得出来两位教师教得有点辛苦，也有点不自信。我跟杨健建议把合唱团的消息通过微信公众号发布出去，杨健有点底气不足："还是看看效果再说吧，不然说出去了，却办砸了，可如何是好？"

为了激励家长们的士气，我们定了一个小目标，即一个学期后合唱团会在学校典礼中正式演出，而孩子们会成为观众。这个小目标，成了家长积极参与的最大动力。有的家长说："孩子在家里鼓励我，不能半途而废，我得给他做这个榜样。"还有的家长说："从自己参加合唱团这件事，才真正发现坚持学一样东西，其实挺不容易的，每当自己想要请假的时候，就特别能够理解孩子。"

　　合唱团里爸爸比较少，因此，能坚持来参与的几位爸爸就显得弥足珍贵。妈妈们有时也会特别羡慕这几位"别人家的爸爸"。平时，"爸爸"在家庭教育中不在场的概率会比较大。有时候我们会聆听建议和意见，电话回访家长，如果是爸爸接到的电话，常常对学校的具体教育教学工作不甚了解，或者回一句"这些事问妈妈比较好"，而如果接电话的是妈妈，那就是另外一种场景了。

　　赵老师和邵老师都是刚走出大学校门，做事情特别较真，为了出效果，中途还经常对学员一对一考核。轮到我了，家长们看着我，不知道我是否也会像他们一样接受考核。一开始我的确有些放不下面子，唱歌不是我的专长，缺乏自信就会缺乏底气。但转念一想，我是学员，不坦诚地接受指导，如何才能长进呢？再说，都是学员，我也不能例外呀。

　　每周的到课率，通常在25位家长左右。慢慢熟悉了，家长在我面前也不拘谨，有时候也会跟我反映一些教育教学上的真实情况。合唱团既是社团，也成了家校沟通的一条好途径。

　　正式表演那天，人到得特别齐。看得出来，每个人其实都蛮紧张的。两位教师也很紧张。一个学期训练下来，是骡子是马，总要拉出来遛遛。表演是18:00开始，大家提前一个小时，齐刷刷地出现在训练室。

　　演出非常成功，甚至可以说是惊艳。现场的家长和孩子们掌声不断。为了让合唱团能成为学校传统，继续发扬下去，典礼上，我们安排了合唱团的成立仪式，为合唱团命名并揭牌，表彰了一学期来出勤率高且表现优秀的团员。活动圆满成功，赵老师和邵老师终于把心放下来了。杨健给我发了一条短信说："今天合唱团圆满完成任务，这一切离不开您的支持，有您这坚强的后盾，才会有今天家长合唱团的惊艳亮相！我和心如都非常感动，没有想到家长们的能量竟如此之大！感谢英特这个平台，让我有施展的空间。"

　　表演结束以后，我看到合唱团群里已经有家长在咨询，新学期的训练什么时候启动，什么时候可以报名。

　　而两位教师已经选好新一期的曲目，自信满满地准备踏上新征程了。

校长，我可以再回来吗

　　燕燕老师 2019 年秋季入职。她从公办学校离职后，来到民办学校任教。我协助她办理了相关的入职手续，新合同期五年，把一年级一个班放心地交到她手上。原以为这会是 80 后的她的最后一站，没想到八个月后，她突然提交了离职报告。

　　收到突如其来的离职报告，一般情况下，领导都是不太开心的。对一所学校而言，教师的稳定性是优质教育的重要条件。刚接了一个班不到一年，当初信誓旦旦说一直会留下来的话犹在耳边，如今却要一走了之。这让刚适应新教师的家长怎么办，孩子们怎么办……一连串的问题让人头疼，难道成年人的决定是如此草率?

　　但现在不是发泄情绪的时候。我得沉住气，了解真实的原因。燕燕全家在安吉，上下班单次车程超过一小时；家里老人身体不是很好，需要女儿回家照顾；刚从公办转到民办，还适应不了民办的氛围和环境；自己的孩子刚上中学，功课压力相对较大；历经一场疫情，对人生有了新的感悟……站在她的角度去思考，慢慢就会找到她内心纠结所在。教育工作不应该带着怨恨和不满，因为我们从事的是教育人的工作。如果燕燕老师在工作与生活的矛盾中已经产生了深深的困惑，与其苛责，不如成全。

　　我在下一年度的新聘教师中挑选了一位资历丰富的教师，然后约该班的家委代表一起与新老教师见面。家长代表虽觉得突然，但认为学校已经基于现实情况做了最人性化和最合理的安排，经过几天的消化之后，也欣然接受了。我们送别了燕燕老师，希望她在未来的道路上能够走得更远更好。燕燕老师自己可能也没有预料到事情的顺利程度，毕竟合同是自己当初签下的，违约也是自己提出来的。

燕燕离开了学校，我少了一位同事，多了一位朋友。几个月后，听说她入职了老家附近的一所民办学校，工作非常忙碌，但能一边工作一边照顾家人，想来她也是快乐的吧。我在朋友圈发的信息，燕燕经常会点赞。听说她离开以后，一直记着英特小学的好，一直记着那份理解和宽容，甚至希望能再度回来任教。

像这样的例子很多。谢老师想去培训机构创业，我跟她聊过以后，觉得出去闯一闯是年轻人的梦想，为她鼓劲但同时也提醒她风险。黄老师因为家庭关系调去别的学校工作，学校为她的新入职助力，准备了详尽的材料。王岩老师入职一个学期，有了抽调去亚运会组委会工作的机会，虽然觉得提前终止合同很可惜，但依然为他高兴，并且真诚邀请他以后有机会继续回来工作。

许是这份真诚走入了他心底，王岩到了亚组委工作后，一直记挂着学校，不仅为孩子们积极争取观摩亚运会场的机会，还经常回学校看看，并且签订了工作结束后回学校任教的协议书。

人和人能在一起共事，是一种缘分。只有不自信的个人和团队，才会介意别人的离去。换一种角度想，岗位空出来了，或许有更好的人才有机会来到这里。离职的人，各有各的原因。有的是因为家庭，有的是因为志趣，即便是对单位有所不满，也是引起单位自我反省的一次机会。如何处理与离职员工的关系，体现了一个团队的底气和胸襟。

嘉宾，请"体验"文化的魅力

2021 年 5 月下旬，新浪记者毛亚明在我办公室聊天，无意间聊到全国校园文化建设论坛活动近期拟在浙江举行，承办学校还未确定。我一听来了兴趣：我们学校如何？

论坛最终定在 6 月 10 日举行，准备时间只有两周。对于一所新学校而言，能够有这样的应急实力吗？我也不确定，但我确定的是这是一次好机会，向社会展示我们学校的好机会。

美术组担纲了校园文化布展。项目负责人许子怡 2017 年从中国美术学院毕业到学校入职，是个极为认真的人。每年教师招聘，她总是以很严苛的标准来提建议。我和她都有一个朴素的想法，希望每年入职的美术教师都能力出众又各有专业特长，这样，孩子们六年的学习时光，就可以接触到各种各样的美术材料和方法。美术组的九位小伙伴，许子怡擅长版画；阮立精通陶艺；魏敏华以油画见长；潘仲姣和江婧的专项，一个是水彩，另一个是设计；叶子涵胜在手绘；三位书法老师，也是各具特色，袁海洋兼教篆刻，刘大陆兼教国画，张宁还自编教材。

时间紧，任务重。他们集思广益，除了整合已有的材料做展示之外，还别出心裁地设计了"课程体验"环节。对，是课程体验，而不是课程展示。地点设在二楼羽毛球场馆，与会嘉宾可以凭体验券入场体验。许子怡把版画机搬出来，嘉宾可以在孩子帮助下体验印制的过程。魏敏华负责的油画摊位，嘉宾可以在油画社团小学员带领下，在艾小语布袋上绘制自己喜爱的图案。"热缩片"的体验馆前，聚集了不少嘉宾，他们在纸上绘制并剪下树叶形状，用热风枪吹制，就可以做成别出心裁的树叶小挂件。潘仲姣老师则带着孩子们，与嘉宾一起体验用水彩颜料制作书签。时间太短，陶艺无法现场制作，但是聪明的阮立老师偷用了"套圈"游戏，嘉宾一旦套中孩子们的陶艺作品就可以带回家。当然，对自己的书画水平比较自信的嘉宾，也可以露一手，留下墨宝……

嘉宾们在会议间隙和孩子交谈，和课程互动，尽兴地去玩，都玩得不亦乐乎。面对只有付出努力才能得到的小作品，他们也是用心思的，最后几乎无人空手而归，每个人都很开心。

仅仅只是改变了形式，将展示变为"体验"，嘉宾的感受就完全不一样了。他们成了参与者，而不是观摩者。任务的完成，并非垂手可得，而是需要借助支架，也许是别人的帮助，也许是说明书的阅读。付出了心血，也有小小的回报，而且这个回报还是可视化的小作品。正如杜威所言："旁观者的态度与中介人或参与者的态度是有差别的。"[①]成为参与者，学以致用，这不就是有效学习的本质么？

综合服务部则承担了会务工作。会务讲究的是精准定向服务。作为这次活动的主要对接人，张茹钰和综合服务部其他四位成员，研究了嘉宾名单，会前点对点联系，告知参会细节；会议当天点对点接应，迎至会场；会议结束送至上车，征求满意度。签到单、桌签、会务手册，都进行了精心设计，力求时尚、大气。茶水、点心、水果的品质以及摆放，都提前调研。"像家里来了客人一般地接待"，让每一位来到学校的客人有"宾至如归"的感觉。

用心做事，结果总不会差。这次论坛举行得特别圆满，新浪浙江教育、新浪微博、浙江在线、杭州日报、网易新闻、凤凰新闻等多家媒体支持和报道，共计超过13余万人次观看了本次论坛的直播和回放。毛亚明记者作为主办方代表，感触很深，说时间短，任务重，能够做出品质，做出心意，实属不易。主办方的一名工作人员近距离接触了学校以后，毫不犹豫地为自己的孩子选择了我们学校。而参会的嘉宾也对我们学校留下了极为深刻的印象，有一位校长留下感悟小诗一首：

英特真研究，教师真付出，学校真收获，孩子真幸福。

---

① 约翰·杜威：《民主与教育》，俞吾金、孔慧译，华东师范大学出版社，2019年，第153页。

共同体，让校际圈再大一点

　　刚建校的时候，全校加上外籍教师只有 20 位专任教师，有些学科连教研活动都无法开展。而且年轻的团队，如果只是在校内做校本教研，那么萝卜炒萝卜，还是萝卜。

　　怎么办呢？拓宽校际圈。

　　先跟附近的中泰小学建立了互助共同体。中泰小学是一所公办学校。两校彼此共享资源，一起开展教学研究。常用的模式是围绕主题的教学展示。有时候，中泰的教师走进来。2019 年 5 月 23 日—27 日，在余杭区教育发展研究院、上城区教育发展研究院的大力支持下，我们和中泰小学一起举办了余杭区第一学段教学研讨暨英特西溪外国语学校个性化学习成果展示，并邀请湖州长兴第四小学参加。三个学校语文、英语、数学三门学科的教师汇聚在一起，感觉力量充实了不少。有时候，我们走进中泰。2019 年 11 月，我们就在中泰小学的会场里一起举办了余杭区核心素养导向下的课堂教学研讨，并邀请学军小学的名师一起参与讨论。三个学校的教学思想发生了碰撞。因为不时有新鲜血液加入，教师的教研积极性有了明显提高。因为活动质量高，效果好，我们的互助共同体还被评为区级优秀。

　　我们的校际圈逐渐扩大，陆续有学校加入进来，区内的、区外的，我们组建了学习共同体。有时候，我们的青年教师在一起朗诵比赛；有时候，在一起同课异构；有时候，开展命题的分享与讨论；有时候，是整个备课组的工作推进会。参与人员的变化、场地和形式的变化，给日常的教研注入了新的活力，也为教师成长注入了新的动力。

黄秀平老师，是余杭区东塘小学的语文教师。教研共同体的发展，给了她机会。在2020年11月初的安吉·余杭小学语文研讨暨教研共同体展示活动中，她作为东塘小学代表执教《敕勒歌》；11月底，又在良渚"五育融合"专题研讨中执教公开课。经过共同的听课磨课，从一堂课延伸到其他课，黄秀平对课堂的感悟不断加深，对教学的理解逐步深入，得到了成长。

更为受益的是我们的年轻教师。在2020年教研共同体教研计划分享活动中，英特小学四位年轻的教研组长代表学校围绕"共读一本书、共研一堂课、共树一特色"做了主题突出的观点报告。2021年，在教研共同体备课组培训中又分享了集体备课的经验。2022年，英语项目负责人张可心老师还代表学校在余杭区小学英语作业改革阶段成果交流会上作专题讲座。一次次亮相，背后是一次次回顾，一次次总结，一次次提炼，一次次进步。

就这样，实践、反思、分享，成就了团队，也成就了个人。

我们的合作模式，不仅限于教研，也拓展到了团建当中。

2019年，英特小学与兄弟学校联合举办校际共同体教职工代表趣味运动会，在"机智踩气球""背靠背""爱的魔力转圈圈"等项目中，促进彼此的了解，拓宽彼此的视野。2021年，学校还启动了省内跟岗研修项目，与绍兴等地的名师工作室建立联盟。

校际圈，像滚雪球一样，范围从小学扩展到大学。学校先后与浙江大学、浙江工业大学、杭州电子科技大学等高校携手建立教学实践基地或教学试点伙伴学校。我们还开门迎客，接纳世界各地的教育同仁，到学校考察交流。

校际交流不仅促进了我们学校不断深化教育教学管理工作，也实现了优势互补和资源共享。开放教室，实则是打破了教师封闭的循环；而开放校门，则扩大了办学的格局。

向外寻机会，向内求成长。让校际圈大一点，再大一点。

校歌，四年唱出儿童的美

2017年建校之初，我曾经想写一首校歌，甚至连歌词草稿也打好了，以校园美丽环境和办学理念为主基调，但是左看右看不满意，思虑良久终于发现，歌词中缺了最灵动的元素——孩子。当时的我们对未来毕业生形象尚停留在抽象规划和理论层面上，头脑中没有具象的鲜活的东西，怎么能够创作出符合校园实际的歌曲呢？于是这个计划一度搁浅。

时隔四年，第一年进校的孩子已经四年级了。陪伴着他们走过四年，他们一点一滴的成长都印刻在我心里。每一个孩子都如此阳光、自信、热情，他们爱学校、爱学习，学科基础扎实，外语特长鲜明，综合素质全面。每一位走进学校的客人，只要见到我们的孩子，都会被他们身上蓬勃的活力和灿烂的笑容吸引。的确，他们身上有光！

有一天，看着沐浴在阳光下、奔跑在操场上的活泼身影，我忽然觉得，是时候了，可以重新拾起当年的那个计划了。

谁来创作歌词？我想，或许我自己就是最合适的那个人——不但见证了学校的历史，也欣慰地看到种子发芽和开花。

我开始去阅读与校歌创作有关的资料，也开始回忆四年来学校不断发展壮大的一幕幕。我看见新生入学典礼时孩子们背着的翅膀，看见孩子们蹦跳着走进校门的欣喜与快乐，看见他们在开放艺廊中精彩的表演，看见他们穿着围裙沉浸在动手制作的乐趣中，看见他们一年年长高，逐渐变得懂事，看到校园里的色彩一点一点丰富……

灵感马上就涌现了，一个晚上，歌词成型了：

　　傍山枕水，闲居林下。小小少年，志向远大。

　　健康尚德，博学创新。英特小学，馨香远扬。

　　在英才的摇篮里，我们如旭日东升。在理想的港湾中啊，万里鹏程今启行。

　　在英才的摇篮里，笑容绽放在心间。思想凝结成智慧啊，圆梦英特向未来。

　　中国情怀，世界格局。小小少年，逐梦前行。

　　自信自主，个性热情。英特小学，日新月异。

　　在英才的摇篮里，我们如旭日东升。在理想的港湾中啊，万里鹏程今启行。

　　在英才的摇篮里，笑容绽放在心间。思想凝结成智慧啊，圆梦英特向未来。

　　我把歌词发给音乐人项霖老师。项老师到学校里走了走，看了看，聊了聊，即被师生的良好风貌所感染。没过几天，谱子就写出来了。项老师说，是这所学校留下的美好印象，是朗朗上口的歌词和歌词背后的故事，给了他灵感。

　　在试听demo（小样）的时候，老师们都感动得落泪。他们一定也和我一样，脑海里浮现出过往的那一幕幕。

　　我开始在网上寻找制作MV的团队，机缘巧合，找到了杭州虎色传媒有限公司，双方的第一次约见并不是很顺利，因为迟到让我觉得对方诚意不足。但是聊着聊着，发现对方很专业，带来的样片风格我也很喜欢。临结束时我才发现，这家公司也是诚意满满，创始人陈总亲自出马。

　　合作团队定下来了，信息老师田雪阳和品宣组负责人陈舒畅负责对接脚本设计与拍摄。这次轮到对方团队惊诧了：没想到这个学校的执行力如此迅速，准备工作如此到位。原定的拍摄和制作时间大大缩短。

　　在集团的支持下，校歌《英特少年》比预定时间提早出炉。我为新歌发布设计了一个巧妙而隆重的仪式。为什么说是巧妙呢？

　　2021年6月10日，中国语文报刊协会校园文化分会主办的"2021校园文化建设（浙江）论坛"正好由英特小学承办。在这次论坛中，我有40分钟的主题发言。我把发言的题目定为《校园文化的个性化表达》，然后把校歌穿插到了讲稿当中。等到会场响起校歌的旋律时，会场左右两侧，16名孩子身着校服，手捧艾小语文创笔记本，鱼贯而入，边走边唱……全场掌声雷动。

国有国歌，军有军歌，校有校歌。一首校歌，写出了四年的故事，写出了英特少年的美好形象。对内形成号召和激励，对外展示形象并唱响宣言，唱出我们的理想、要求、愿望，也唱出孩子们的感受、追求和成长心声。这就是校歌的意义吧。

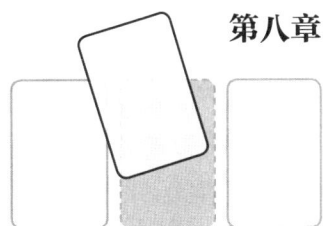

1800 天，才刚刚开始

CHAPTER 8

是真实且透明的心，让人信赖；
是细水长流的情感和付出，让人动容。

能让我们开心成长的地方，
一定是美好的，值得选择的。
所以，弟弟妹妹们也跟随着我的脚步，
来这里上学了。

这是一所怎样的学校

　　时光如白驹过隙，一晃，历史的车轮从 2017 年驶入了 2022 年。随着年级和教师队伍的完善，随着品牌形象和社会美誉度的提升，我们开始"回头看"，用体验者和旁观者的双重视角去观察我们这所年轻的学校。

　　这是一所经得起招生政策变化考验的学校。2017 年刚建校的时候，面临城西新建民办学校内卷，艰难生存；2018 年，经历中外教管理文化冲突，断臂求生；2019 年，"公民同招"政策出台，经验尚未形成，新状况已然来袭；2020 年，在公民同招的基础上新增"锁区""摇号"政策；2021 年，"双减"政策落地……每一年似乎都有新的困境要去突破，但每一年的招生计划总是能圆满完成，每一年的政府督导考核总是优秀，每一年的社会口碑总是良性稳定。这归功于，无论经历什么样的变化，我们始终能够敏锐地适应，积极地拥抱，愿意在相关趋势、数据、挑战和机遇面前"改变主意"，并且自主地开展面向未来的学校变革行动。

　　这是一所重视教师和家长，视他们为教育合伙人的学校。自 2017 年建校开始，我们没有借用公办教师，也没有"挖"民办成熟师资，而是招聘优秀大学生，并下定决心以培育教师为己任，给予信任、帮助、专业支持，给予包容、试错机会、个性化关怀。"兼职制"管理的推行，将传统管理岗位减少到极致，也解放了行政事务的束缚，管理成了大家的事，合作成了团队最重要的文化，在亲自下水实践的过程中，年轻教师以最快的速度成长。他们彼此分享经验，也分享痛苦和教训。一群年轻人的成长故事告诉我们，比起经验，热情和专注更重要。在教师队伍最容易动荡的办学初期，我们的流失率极小，花了心思招聘来的新员工，一旦投入这个大家庭，就仿佛鱼儿入了海，自由自在，只想融入更多，再也不愿离开。问他们原因，他们说，这里没有复杂的人际关系，喜欢；没有论资排辈，只要想做事情，永远有平台，喜欢；同事没有私心，愿意分享，感觉永远都有团队在站台，喜欢；不是一成不变的学校，而是经常在创造，甚至颠覆，喜欢……这些年的办学经历证明，真正决定团队成败的，往往不是外在条件的优劣，而是坚强的内心，只要心凝聚在一起，就有超乎想象的战斗力。

和家长的相处也是如此，2017 年提出"教育合伙人"时，还仅仅只是一个概念，但是我们用五年时间去实践它，丰富它，让它渐渐深入人心。真正的"合伙"一定是建立在彼此信赖的基础上的。而信赖，源自真实且透明的心。

"在开学典礼上有一个重要的环节——给家长授予合伙人证书，这不仅是一个仪式，也不仅是一纸证书，而是对学校、老师、学生和家长之间的关系做出的全新的定义，平等是基石，合作是主线。"（2021 级郑楚瑄家长）

一路走来，学校对于自身的局限以及出现的问题，从来都不试图回避也不掩盖。我们邀请家长参与学校发展的每一个细节，置身事内，像一个带着内部视角的外部人士。无论是课程体验，还是活动参与；无论是规划设计，还是监督落实，我们在奔着"为不可预测的未来培养健康成长的学生"这一共同目标上，相互理解，相互支持。我和核心团队成员，都加入了班级的钉钉群，为的是能够第一时间接收到家长的意见和建议。我们珍视所有不同的声音，并且视作成长的开始。我们也向家长和盘托出我们的心声，甚至可以宣泄不被理解的委屈。

"在这座校园里，不知何时起，我们相处得亦师亦友，亦亲亦朋。"（2017 级孙一然妈妈）

我们的关系，似伙伴，似家人。我想起无数个难忘的瞬间：星空帐篷读书会时的畅谈，青山绿水间的团建，茶馆里的体验课程，头脑风暴会上的各抒己见，讨论问题时的推心置腹，课堂里的亲子辩论赛，美食节上的童心碰撞，主题沙龙时的踊跃发言，颁奖台上的创意奖杯……

"'教育合伙人'家校共建理念让学校变得越来越人性化，学校能快速吸收家长好的建议进行改进，学校会适时推出不同的活动来让家长参与，了解学校和孩子们的情况。家校互动平台更让家长们有机会快速了解孩子们的学习状态，各科老师会及时地跟进孩子们的情况并给予最大程度的帮助。在这样的环境中，孩子们的自律性、自信心、学习的内驱力、个人品格等方面都在不断地成长。"（2019 级戴显泽家长）

正如 2020 级延艾琳家长所言：

"当我们在孩子一年级开学典礼上，拿到'教育合伙人'证书的那一刻，感受到了英特对教育的担当，对家长的承诺，让我们彼此信任，彼此促进，放心地把孩子交到英特手上。"

这是一所充满了快乐、好奇、希望且不断变化的学校。无论是一年级入学的新生，还是中途转学的插班生，只要在学校待上一阵子，都会爱上这个学校，甚至"不想放假，不想离开学校，因为在学校里的每一天都很开心"（2019 级陈传奇）。他们的快乐，是如此地溢于言表，以至于所有的家长都能感受得到。

"一个孩子在学校的生活快乐与否，在学校大门口看看放学的孩子们就能很好地感受到。我每次放学接娃的片刻，总能看到一群洋溢着笑脸欢快飞出校园的孩子们，看他们迫不及待和爸爸妈妈们分享学校里的趣事就能知道，孩子们在学校是幸福的！"（2017 级符英皓妈妈）

孩子们的快乐，来自哪里？

"我很喜欢我们学校的吉祥物艾小语，它那胖胖的身躯陪伴着我们度过了五年时光。"（2017 级曹想）

"每个学期都有校园美食节，每次美食节，都让我更爱我们的学校！我相信，即便等我大学毕业，英特的校园美食节也依旧在我的心间！"（2017 级陈卓燃）

"在学校两岁的时候，艾小语农场建成了，这是一件具有里程碑意义的事情。我们这些小农民们欢聚一堂，种植青菜、萝卜、黄瓜、鲜花等，让我懂得了各种植物的生长过程，领悟了生命的非凡。"（2018 级何安屹）

"我们学校有专属的恒温游泳池哦，就在我们礼乐楼负一楼。这里一年四季都可以游泳，而我就是英特校园里的一条快乐的小鱼儿！"（2019级卢燚辰）

"我和我的同学们互相帮助、互相学习。有的同学帮我找到了我丢失的橡皮，有的同学帮我讲解了难题，最开心的是我们分小组一起做实验，当实验成功的那一刻，我们都激动得跳了起来。"（2019级陈瀚文）

……

孩子们对学校的感知和评判，更多的是源自打动自己的某个细节。而作为缔造这些快乐、好奇、希望、变化的我们，则深深地知道，有果皆有因。学校倡导实践的"工作是爱的行动"，让人与人的相处变得更有温度；为孩子们量身定制的因才营课程，"只要有兴趣，课程就为你而开"，让学习需求得到满足；多艺化人才的培育，多元评价的开展，学习空间的不断开拓，让每一个孩子的潜能都得到发展；家校的亲密互动，"合伙人"的良性联结，又为师生的生命成长提供滋养；而与书童"艾小语"超越时空的相处，让孩子们学着认识自己，了解自己，移情、保护、爱、创造、设计，独立思考并且自我完善。

"我眼中的英特就这样从老师和孩子口中点点滴滴的描述中慢慢清晰，如果说学校有标准的话，那一定是孩子才能定义。能让孩子开心成长的地方，那一定是美好的。"（2018级李恬羽妈妈）

……

这究竟是一所怎样的学校呢？

董玉弟老师说：

"这是一所让每一个孩子都有质量地成长的学校。一所新学校，一群新教师，在余杭区四年级学业质量监测中，第一届、第二届学生都成绩优异，名列前茅。我们创造了一个个奇迹。"

2017级李子墨妈妈说：

"这是一所让每个孩子都发光发热的学校。作为一所新学校，英特小学没有从前的辉煌战绩来加持，可是它给了孩子们足够大的舞台，让每个人都能找到展现自己发光点的舞台。在大女儿班级里，我所知道的孩子们几乎人手一技，有的孩子擅长绘画，能把植物、动物、人物画得栩栩如生；有的孩子擅长乐器，在校音乐节上一展拳脚，用钢琴、小提琴、电吉他征服所有人的耳朵；有的孩子是运动会上的大明星，总能凭借一己之力为班级争金夺银；有的孩子表现欲强，于是他成了剧场里的大主角……在英特，成绩完全不是评判孩子的唯一标准，每个孩子都是自信的、勇敢的。"

2018级汤雨皓家长说：

"这是一所夯实基础全面育人的学校。经过了四年的成长，与其说孩子变优秀了，不如说英特已然成为一座德、智、体、美、劳综合发展的好学校了。语言文化、思维品质、运动健身、艺术创意，还有劳动与责任都深深地植入孩子的人生中。确实做到了给每一个孩子打下人生中最重要、最坚实的基础。"

2019级沈寓家长说：

"这是一所指导孩子们如何学习和做人的学校。英特不仅教会了孩子们如何学习，如何掌握更好、更高效的学习方法，还教会了孩子们要在生活中学会做一个独立思考、顾全大局、乐观开朗、诚实守信、懂礼貌、知感恩、有自己的爱好、会为自己的小梦想而努力的人！"

陈奕可、陈奕赫家长和唐健恩、唐凯琳家长，都把大宝小宝送进了英特小学，他们说：

"这是一所有归属感的学校。遇见英特，内心是笃定的，大宝小宝都在这里成长，对英特也有了一种特殊的情感，那是家一般的温暖，家人一般的其乐融融。"

2020级的孙浚哲爸爸说：

"这是一所不断引导孩子去做出判断和思考，学会独立有主见的学校。让孩子给爸爸妈妈写评语，让孩子给学校写提案建议，让孩子基于'有没有给班级、学校这样的集体做出贡献'的基础去申报英特好少年。通过这样的教育引导，我们惊奇地发现，孩子其实会形成很好的自我判断，而且非常得诚实和负责任。"

2020级的李睿宸爸爸说：

"这是一所有社会责任感的学校。2021年暑假，杭州市面临台风灾害天气，余杭区需要临时安置人员极多且复杂，英特小学成了临时安置地点。台风登陆前一天晚上，收到防控指挥中心命令，半夜前往安置点检查安置工作。到学校后，发现现场不仅有政府工作人员以及被安置项目的负责人在值守，学校也派出了年轻力壮的教师参与秩序维持以及后勤服务。熬红的眼睛、湿透的衣裳，让我们看到了一群教师、一所学校在为它所教育的孩子树立正确的社会价值观，这才是真正的为人师表。"

2021级闫拓妈妈说：

"这是一所'眼里有光'的学校。

作为一所民办学校，英特外国语学校小学部成立时间并不长，但无论是学生还是家长，都对其印象深刻，评价很高，甚至有不少家长感叹，每次看到英特的老师们都是'眼里有光'，很多不同年级的学生谈及自己的老师也都是饱含深情，超级喜欢，都以能和校长共进午餐为荣。是什么原因让英特小学收获如此多的好评？作为一名英特教育合伙人，我观察总结出三方面原因：一是扁平式的组织架构＋教师参与行政，校园管理简约高效；二是教育合伙人制度＋家长职业助力机制，双向奔赴，温暖有力；三是'因才营'课程体系＋英特币积分制度，孩子潜能无限激发。先进的组织建设和校园管理模式、紧密互动的'家校共同体'氛围以及老师们的高度责任感、专业度和对学生的爱，是英特成功的关键因素，由此锻造出了一所学生喜爱、家长满意、老师有动力、学校发展前景无限好的英特好学校。"

......

有家长说"初见倾心，再见庆幸"，有家长说"相信它，它果真不负所望"。站在新的起点回望，五年的路，走得很坚定，很踏实。当年许下的承诺，正在一一兑现；曾经想要的理想校园的模样，正在逐步清晰和丰满。现在的它，才五岁，还有很多局限要去突破，还有很多梦想要去实现。未来的路，还很长。

正如跟着新学校一起成长的2017级英语教师朱芷萱所言：

"英特小学正在成长为一棵参天大树，焕发着勃勃生机。无论这棵树长多高长多壮，我们永远不会忘了在地面积雪尚存的时候，开始从地底发芽，从土中一点一点、不休不眠得以伸展，终于探出地面的那份初心。"

选择，有时候很简单

2021 年秋天，第五批新生加入到学校的大家庭中。开学一个月后，我们邀请了部分家长开了一个座谈会，请他们谈谈选择英特的原因和入学后的体验。没想到这一听，居然让我们特别有感触。

颐颐妈妈从北京海淀区来杭州，自身对学校教育的要求很高。她对我们学校的第一好印象源自咨询群，觉得我们学校的咨询群废话少，回应精准。义义妈妈有一天访校的时候，遇到了高年级的孩子，自信大方而且有礼貌的表现一下子击中了她的心。恩恩妈妈 2017 年从北京来杭州，几乎把全杭州所有的民办小学都考察了一遍。她在上下学时段三次经过我们学校门口，每次都看到同一个人站在门口迎送孩子，就问保安，学校是否有专职教师负责上下学工作，得知每天迎送的人是校长时，她立马做了决定，在学校旁边安了家，她说校长的坚守让她很有安全感。欣儿妈妈是被学校提出的"教育合伙人"模式所吸引，曦曦妈妈则对"艾小语"系列设计特别有感觉。瑶瑶妈妈是被学校超强的执行力和办事效率吸引到了，而恬恬妈妈放弃家门口的学校，舍近求远，就是看到了学校对孩子的各种细节关怀。一一爸爸说孩子觉得食堂饭菜特别好吃，拓拓爸爸喜欢学校丰富的选修课程，乐乐爸爸觉得保安素质高的学校管理也差不了……

每位家长选择学校的时候，和我们普遍的想法不太一样，他们都有自己看重的某个点，会因为某一个瞬间、某一个人、某一句话、某一个场景而做出抉择。而这个瞬间、这个人、这句话、这个场景，都指向一个核心要素：这里是否有对孩子的爱。家长们选择的理由朴素而真实。

我们的教师大多是刚走出校门的年轻人，虽然经验尚无，但综合素质优秀，拥有并且舍得在教育上花大把的时间，再加上真心喜爱孩子，无比真诚地关心关爱每一个孩子，弥补了经验的缺陷，赢得了家长们的信赖。家长们说："我们可以等年轻的老师慢慢成长，只要我们能感觉到她们的努力与真诚，这就够了。"家长们还说，他们对学校和教师的评判有自己理性的判断，最可贵的地方在于：初心之外，还有用心。如今一晃，2017 年入职的年轻教师已经伴随着孩子们进入第五个年头。我相信，在工作之初，家长对他们的理解、包容和鼓励，一定是他们最大的工作动力，也是工作很多年后的温暖回忆。

只要有爱，就有未来。所以，家长们不会被很官方的宣传打动，不会被冷冰冰的数据说服，他们相信自己和孩子体验到的小细节：精心设计的作业清单，小巧可口的生日蛋糕，用心拍下的照片，及时的反馈与回应，蹲下身来的倾听，分享的小秘密，不开心时的陪伴，不舒服时的照顾，总是不会忽略的鼓励，元气满满的样子……他们相信看到和听到的其他孩子的状态和家长的感受。因为这些沉淀在每一天的细节中，是无法伪装或者包装的，也是无法一蹴而就的。

朴素而真实的理由，往往能让他们做出正确的选择。

家长们选择学校如此，教师们选择学校也是如此。当初应聘的时候，一则别出心裁的招聘通告，及时精准的短信回复，保安和善的笑容，训练有素的考务，贴心的餐饮准备，清晰的指示牌，"眼里有光"的工作人员……打动人心的，也许只需要其中某一点。后来到了这里工作，可能就会因为某一次承担任务时得到了帮助，某一次情绪低落时得到了慰藉，某一次失败时得到了谅解，某一次发光时得到了关注，某一次需求得到了尊重，某一次小心愿得以达成，然后就会死心塌地地留在这里，将这里作为职业规划的终点站。这个一次、一次、又一次，也指向一个核心要素：这里是否有爱。

只要有爱，就值得期待。选择，有时候很简单。

做现在，向未来

　　某个寒冷的冬夜，在外地上大学的女儿给我打了一个视频电话，看到视频里显示的场景还是在办公室，她一点也不奇怪地说："哈哈，我就猜你还在学校！"是的，每天早出晚归，于我是常态。外人看来可能会觉得工作辛苦，我自己呢？整天沉浸在学校里，沉浸在师生一点一滴的成长中，却不觉得苦，甚至都没想过"苦"这个字。

　　即便人生际遇风云变幻，即便从体制内走向体制外，2017 年来到这里，与这所全新的学校相遇，从事教育工作多年的我依然有一种"持久的兴趣和顽强的入迷"。从 0 到 1，从 1 到多，师生队伍逐年壮大，学校像婴儿般从呱呱坠地到慢慢长大。历经其中每一刻，所有的体验都凝结成简单的两个字——"热爱"。我如对待家人般对待教师，倾力提携相助；如对待自己的孩子般对待学生，春风化雨，润物无声；如对待朋友般对待家长，将心比心，坦诚以待。我是个思考者，也是个践行者。我以爱相待，生活也报我以歌。五年间，我清晰地发现了自己身上发生的变化：

　　越来越承认人与人的差异，变得更愿意聆听、接纳和有同理心了。

　　越来越觉察自己所知的有限，乃至孜孜不倦地展开学习。

　　越来越喜爱探索新事物，甚至在面临新挑战时无惧无畏。

　　越来越珍惜身边拥有的一切，感恩自然的馈赠……

　　朝夕相处的女儿说："妈妈，我能感觉到你的变化，变得更加美好了！"

　　入校参观、指导的专家学者同仁说："谈到教育、学校，见到孩子，你的眼里有光，这是最动人的。"和我一起成长的师生、家长称呼我"大家长"，说"我们爱您！"我想，这就是教育的意义所在吧，助人者自助，好的教育就是在帮助他人变得更美好的同时，自身也得到完善。五年的成长之路，有坚定，有彷徨，有欣喜，有痛楚……我想我应该把五年的故事写出来，记录一所新学校及团队的成长，梳理曾经遇到的困难和解决方案，带着研究者的态度重新审视这段经历，努力去提炼一些行之有效的经验，也去发现一些曾经忽略的问题。

写作的过程，是痛苦的。不仅仅是将故事转化为文字的写作技巧层面的痛苦，更有回顾、反思过程中一直掺杂其中的复杂情绪带来的迷茫、混沌甚至后悔。第一次探索一所新建民办学校的管理之路，第一次带着一波 90 后，跌跌撞撞地走在个性化学校建设的路上，所言所行，必定有许多失误之处，当时看来已然完美，如今回首，其实可以做得更好。在梳理这些问题、不足的时候，在摸到成长路上的痛点、盲点的时候，难免"头涔涔而泪潸潸"。所幸还有未来。今天的努力，都是在为明天的更好而做准备。

五年探索路，回眸一瞬间。但总有一些人和事，萦绕在脑海，挥之不去。金成集团董事长吴王楼先生"循着那光的源头，一步一步"的情怀令人肃然起敬，金成教育集团领导的信任和支持，以及杭州英特外国语学校校长任建华先生的德艺双馨和开阔胸襟，令我深深感动。各级教育行政部门的相关领导和教研部门的一些专家、高校教授以及社会各界朋友等对学校的支持、帮助，令我铭记于心。感恩风里雨里一起走过的同事和家长，还有无数可爱的孩子们，是在大家的共同努力下，一些办学设想才得以实践，一些办学实践才得以获得广泛认可。学校先后被评为浙江省标准化学校、杭州市智慧教育示范校、杭州市绿色学校等，并在余杭区民办中小学综合督导评估中获优秀……和这些荣誉同样重要的是，学校聚焦个性化发展，创造性地开展并提炼出"兼职制"治理变革、"书童制"精准服务、"因才营"课程定制、"合伙人"家校关系、"多艺化"教师研训等行动策略，探索学校发展的新路子，为其他学校或团体的改革建设提供了样本与参考。

这是一段关于梦想、奋斗、担当、勇气、创造的故事。在这段经历中，我遇见了很多充满正能量的人，用眼、用心、用笔记录了很多感人的事。在逐梦前行的过程中，工作的价值得以体现，教育的意义得以发现，而这部书稿，也得以成文。

《中国教师报》主编韩世文先生是书稿的第一读者，他的肯定让我有了公开出版的勇气，提出的建议也让我受益匪浅。浙江大学出版社赵静女士是本书的责任编辑，为本书的出版、发行付出了心血，她的才学与人品都让我深深敬服。

2022年，是我从事教育工作的第31个年头。如果让我重新选择职业，我依然坚定地回答："教育，是不悔的事业。"